FALTPLAN

»Schreiben Sie uns!

Wir hoffen, dass Ihnen dieser Reiseführer gefällt und er Ihnen ein guter Begleiter auf einer außergewöhnlichen und spannenden Reise ist.

Weil ein Reiseführer von Erfahrungen lebt, sind wir an Ihren Erlebnissen interessiert: Haben Sie im Buch ein Restaurant entdeckt, das es nicht mehr gibt, eine Sehenswürdigkeit, die wir noch nicht aufgeführt haben, oder eine falsche Adresse? Dann schreiben Sie uns!

Wir nehmen jeden Hinweis und jede Kritik ernst und arbeiten kontinuierlich daran, die Bücher aktuell zu halten und immer weiter zu verbessern. Auch wenn wir nicht jeden Wunsch erfüllen können, machen wir uns immer Gedanken über Ihre Anmerkungen.

Schreiben Sie an: info@reise-know-how.de oder Reise Know-How Verlag Peter Rump GmbH, Postfach 140666, 33626 Bielefeld

Wenn sich Ihre Infos direkt auf das Buch beziehen, bitten wir um die Angabe der Seitenzahl und der Auflagennummer bzw. des Erscheinungsjahres. Besonders hilfreiche Beiträge belohnen wir mit einem Sprachführer Ihrer Wahl aus unserer „Kauderwelsch"-Reihe.

Herzlichen Dank und gute Reisen
Ihr Reise Know-How Verlag

Diesem Buch wurde hier ein herausnehmbarer … händler nach.
Sollte er beim Erwerb des Buches nicht mehr vorhan…

Liebe Leserin, lieber Leser,

ein unabhängiger Verlag für unabhängig Reisende – das sind wir, der Reise Know-How Verlag aus Bielefeld, eines der letzten Familienunternehmen in der Branche. Obwohl wir zu den größten Reiseführerverlagen Deutschlands gehören, ist der familiäre Umgang miteinander in allen Bereichen des Verlagslebens zu spüren: In der Geschäftsführung in zweiter Generation, in einer wertschätzenden Arbeitsatmosphäre, in der Nähe zu unseren frei arbeitenden Autorinnen und Autoren, im engen Austausch mit unseren Leserinnen und Lesern – und auch in der Zusammenarbeit mit Druckereien in Deutschland, in denen wir ausschließlich und regional unsere Bücher produzieren. Die sollen schließlich erst mit Ihnen auf große Reise gehen.

Alles, was wir in unsere Bücher und Landkarten stecken, soll Ihnen eines ermöglichen: Auf Ihre ganz eigene, individuelle Weise die Welt zu entdecken. Wir wünschen Ihnen viel Freude und unvergessliche Erlebnisse mit diesem Reiseführer.

Es grüßen herzlich
Peter Rump & Wayan Rump

„Wunschlos, zeitlos, restlos glücklich …“

… war schon der Maler und Wahl-Usedomer Otto Niemeyer-Holstein auf der Ostseeinsel. Und man kann es ihm bis heute nachtun: Es ist wunderschön auf Usedom. Die Sonne scheint häufiger vom Himmel als irgendwo sonst in Deutschland. Wenn Sie zur Insel aufbrechen, freuen Sie sich sicher auf Strand und Meer, Strandkorb und Strandsport, Fischbrötchen und Restaurantbesuche, auf den Trubel in den Seebädern und die Ruhe am Achterwasser.

Doch Usedom – und das mag vielleicht überraschen – hat seinen Gästen noch viel mehr zu bieten: Geschichten und Geschichte, Kultur, Technik und Natur. Auf der Insel erzählt man sich von einer versunkenen Stadt, von kühnen Seeräuberinnen und Seeräubern und von Hexenprozessen. Man begegnet den Anfängen der Raketenforschung, Wissenschaftlern am moralischen Abgrund und den Katastrophen des Zweiten Weltkriegs. Bedeutende Künstler radelten oder segelten auf Usedom und malten oder schrieben über ihre Insel. Seeadler und Wisente, steile Küsten, dichte Wälder und Moore prägen die Vielfalt von Flora und Fauna. Dann stehen inmitten idyllischer Kornfelder plötzlich Erdölpumpen – und erinnern daran, dass man auch in diesem Urlaubsparadies einst von sprudelndem Reichtum durch technischen Fortschritt träumte.

Und so klein Usedom auch sein mag: Es liegt in zwei Ländern mit unterschiedlichen Sprachen und Kulturen. Genau das macht das internationale Flair der Insel Usedom und ihrer nicht minder sehenswerten Schwesterinsel Wollin aus. Gute Reise – szczęśliwej podróży!

Die Autoren

Martin Brand lebt in Berlin. Er konzipiert und leitet für „Ex Oriente Lux Reisen“ Studienreisen in den Osten Europas. Als geborener Mecklenburger fährt er seit frühester Kindheit jedes Jahr an die Ostsee und erfreut sich immer wieder an jenem magischen Moment, wenn nach langer Anreise das Blau des Meeres am Horizont erscheint. An Usedom fasziniert ihn das Zusammentreffen deutscher und polnischer Kultur auf kleinem Raum. Bisher erschienen von ihm bei Reise Know-How die Titel CityTrip Krakau, CityTrip Danzig und CityTrip Riga. Mehr Infos: www.martin-brand.de.

Kurz nach dem Mauerfall verbrachte **Anna Brixa** ihren ersten Urlaub an der Ostseeküste. Seitdem liebt sie Usedom und seine Nachbarinsel Wollin. Außerdem ist sie erklärter Seeadler- und Fischbrötchenfan und schwört auf die hypnotisierende Wirkung von Sonnenuntergängen am Achterwasser. Auf Usedom fährt sie ähnlich viel Rad wie Lyonel Feininger und kommt an vielen Ostseetagen auf die gleiche Bilanz wie Niemeyer-Holstein: WZRG – „wunschlos, zeitlos, restlos glücklich“. Bei Reise Know-How erschien von ihr bereits der Titel CityTrip Danzig. Sie ist Übersetzerin und Reiseleiterin und lebt in Berlin.

081ud-cl

Unsere

007ud-ab

15 Lüttenort [D3]

Hier war der unangepasste Maler Otto Niemeyer-Holstein „wunschlos, zeitlos, restlos glücklich“: im malerischen Lüttenort zwischen Koserow 13 und Zempin 12. Als Bewohner eines originellen S-Bahn-Waggons und mit der Ostsee als Geliebter ist das auch mehr als verständlich. Zu Lebzeiten war sein Atelier für Fremde tabu, heute kann jeder die Anlage besichtigen – und sich von ihr verzaubern lassen (s. S. 33).

008ud-ab

Gartencafé Zur Naschkatze in Krummin

Wenn eine Naschkatze ein Gartencafé betreibt, sind auch Spezialitäten wie „Froschkuchen“ nicht weit. Den kann man nebst anderen Leckereien in Usedoms wohl schönstem Café an der malerischen Krumminer Wiek genießen. In einem Meer aus Blüten geraten die Gäste ins Träumen ... genau wie die Naschkatze selbst. Für alles andere hat sie Personal (s. S. 26).

009ud-ab

24 Dorfkirche Morgenitz [D6]

Ruhig und gleichmütig steht sie da, die Morgenitzer Dorfkirche. Ihr zu Füßen ruhen mit Mahl- und Grabsteinen die Zeugen vergangener Jahrhunderte. Skeptisch verfolgte sie die Bemühungen Friedrichs II., hier trotz des rauen Inselklimas Seidenraupen zu züchten, erlebte beide Weltkriege und die Wende. Heute ist sie eine Oase der Stille im Usedomer Achterland (s. S. 43).

010ud-mb

49 Lebbin (Lubin) [K8]

Ja, die Steilküste am Stettiner Haff ist etwas abgelegen. Die weite Aussicht auf die schilfbewachsenen Inseln im Swinedelta und das klangvolle Konzert vieler Vögel entschädigen jedoch für die lange Anfahrt. Und das kleine Café Grodzisko versüßt den Blick in die Ferne mit Kaffee und Kuchen (s. S. 83).

Lieblingsorte

⓬ Zempiner Hafen [D3]

Große Pötte, Container, Imbissbuden und Kräne – all das hat der Zempiner Hafen nicht zu bieten. Zum Glück! Das magische Kleinod am Achterwasser ist nämlich spezialisiert auf Naturerholung in Endlosschleife. Wasservögel gleiten durch das Schilf, die untergehende Sonne zaubert glitzernde Farbspektakel und die einzige Sehenswürdigkeit ist eine 350 Jahre alte Eiche. Willkommen im Urlaub (s. S. 28).

011ud-ab

❺ Greifswalder Oie

Zaunkönig? Kiebitz? Sumpfohrsänger? Auf der Geifswalder Oie sind sie alle zu Hause – zumindest auf einer Stippvisite, bevor es in den Süden geht. Die lohnt sich genauso für menschliche Zweibeiner, die Inseln, Leuchttürme und verschlungene Pfade mögen. Mit etwas Glück zieht auch ein Seeadler majestätisch seine Kreise. Mehr Insel geht nicht (s. S. 17).

012ud-dt©Dalia Kvedaraite

Cafe Hemingway

Der schönste Rückzugsort, sowohl bei Schmuddelwetter als auch bei strahlendem Sonnenschein! Wer hier einkehrt, genießt eine gemütliche Atmosphäre wie in Omas Wohnzimmer, die einzigartigen Kuchenkreationen und der Kaffee sind ein Traum. Hier kann man Kunst und Kulturevents erleben oder sich einfach zurücklehnen, die Augen schließen und träumen (s. S. 73).

103ud-mb

㉛ Kamminke [G8]

Ein Fischerhäuschen krummer und bunter als das vorherige, eine einzelne Bank für den Blick in die Ferne – es scheint fast so, als habe das kleine Örtchen im Grenzland nicht ernsthaft mit Gästen gerechnet. Und doch ist alles da: die kleine Badestelle, das wunderbare Abendessen aus der rustikalen Räucherei ... vielleicht sogar mit Livemusik (s. S. 50).

114ud-mb

Inhalt

Bewertung der Sehenswürdigkeiten

★★★ nicht verpassen
★★ besonders sehenswert
★ wichtig für speziell interessierte Besucher

Planquadrat im Kartenmaterial

[A1] Orte ohne diese Angabe liegen außerhalb unserer Karten. Ihre Lage kann aber wie die aller Ortsmarken mithilfe der begleitenden Web-App angezeigt werden (s. Anhang).

Updates zum Buch

www.reise-know-how.de/inseltrip/usedom24

Benutzungshinweise

Orientierungssystem

Die in den folgenden Kapiteln beschriebenen Attraktionen sind mit einer **fortlaufenden magentafarbenen Nummer** gekennzeichnet, die sich als Ortsmarke im Faltplan wiederfindet. Steht die Nummer im Fließtext, verweist sie auf die Beschreibung dieser Attraktion.

Die Angabe in **eckigen Klammern** verweist auf das Planquadrat im Faltplan oder auf den Ortsplan. Beispiel:
36 Seebad Heringsdorf ★★★ [F6]

Alle weiteren Points of Interest wie Unterkünfte, Restaurants oder Cafés sind mit einer Nummer in **spitzen Klammern** versehen. Anhand dieser eindeutigen Nummer können die Orte in unserer speziell aufbereiteten Web-App unter www.reise-know-how.de/inseltrip/usedom24 lokalisiert werden (s. S. 143). Beispiel:

› **Tau'n Fischer un sin Fru** €€ <035>

Beginnen die Points of Interest mit einem **farbigen Quadrat,** so sind sie zusätzlich in den Ortsplänen eingezeichnet:
■ **Das kleine Restaurant** €€-€€€ <073>

Der Schmetterling ...

... zeigt an, wo man besonders gut Natur erleben kann oder Angebote im Bereich des nachhaltigen Tourismus findet.

Kinder-Tipps

Das Symbol kennzeichnet Sehenswertes, Unterkünfte und Aktivitäten, an denen auch kleine Urlauber ihre Freude haben.

Abkürzungen

- ul. für *ulica* (Straße)
- pl. für *plac* (Platz)

Vorwahlen

- Telefonnummern in **deutschen Inselteil** sind stets **mit der Ortsvorwahl** angegeben.
- Alle **polnischen Telefonnummern** sind immer **mit der Ländervorwahl +48** gelistet. Wer innerhalb Polens eine polnische Nummer anruft, lässt lediglich die +48 weg, wählt aber keine führende „0" vor.
- **Aus dem Ausland nach Polen:** 0048
- **Von Polen nach Deutschland:** 0049
- **Von Polen nach Österreich:** 0043
- **Von Polen in die Schweiz:** 0041

Preiskategorien

Gastronomie

Die Preiskategorien beziehen sich auf ein Hauptgericht ohne Getränke.

€	bis 10 €
€€	10–20 €
€€€	über 20 €

Unterkünfte

Die Preiskategorien gelten für eine Nacht im Doppelzimmer bzw. eine Übernachtung in einer Ferienwohnung für zwei Personen in der Hauptsaison.

€	bis 50 €
€€	50–100 €
€€€	100–150 €
€€€€	über 150 €

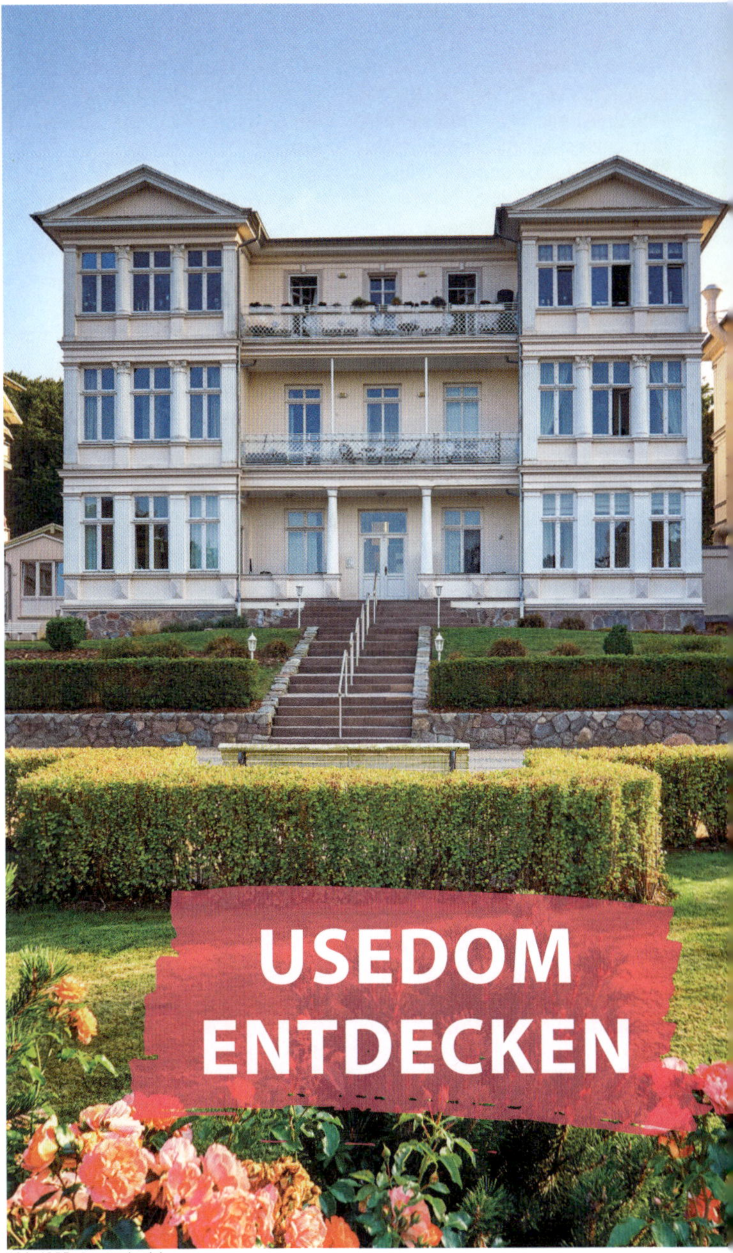

104ud©DR pics, stock.adobe.com

Usedom im Überblick

Beim Stichwort „Usedom" denken viele automatisch an die **drei Kaiserbäder Bansin** 33, **Heringsdorf** 36 und **Ahlbeck** 38 mit ihrer typischen **Bäderarchitektur** und den charakteristischen **Seebrücken.** Und tatsächlich zählen diese Seebäder zu den beliebtesten Urlaubsorten des Eilands. Mindestens ebenso spannend sind jedoch die **weniger bekannten, mitunter versteckten Sehenswürdigkeiten** der „Sonneninsel Deutschlands": die heute museal erfahrbaren militärischen Versuchsanstalten von Peenemünde 1, die kleinen, individuell erlebbaren Bernsteinbäder, das tiefenentspannte Achterland und natürlich das Seebad Swinemünde sowie die daran angrenzende polnische Schwesterinsel Wollin.

Usedom verfügt jedoch über weit mehr als eine umwerfende Natur, ein vielfältiges Sportangebot und attraktive Freizeitmöglichkeiten. Die Insel steht auch für eine **bewegte Geschichte,** in der sich die Entwicklungen des 20. Jh. im **Miniaturformat** abspielten. Sie ist Symbol des Bäderbooms der Kaiserzeit, stand im Zeichen wissenschaftlicher Erfolge und gleichzeitig nationalsozialistischer Verbrechen. Sie wurde in den Nachwehen des Zweiten Weltkriegs zur Zeugin der Flüchtlingsströme aus dem Osten, erlebte Bombardierungen, die sowjetische Besatzung und die Neuziehung der Grenzen nach 1945.

Wer sich auf die vielen **Facetten der „Sonneninsel"** einlässt, sieht und erfährt weit mehr als erholsame Entspannung am Strand und leckere Fischspezialitäten. Es gibt so viel zu entdecken, dass die Insel interessierte Urlauber einfach nicht mehr loslässt.

Der **Norden Usedoms** (s. S. 14) kann vor allem mit den technischen Errungenschaften und den historischen Abgründen der einst großflächigen **Heeresversuchsanstalt Peenemünde** aufwarten. Heute ist das ehemalige Sperrgebiet für Touristen ungehindert zu besichtigen. Auf dem Gelände befindet sich eine Vielzahl **sehenswerter Museen,** darunter auch ein begehbares U-Boot. Außerdem bieten sich **Ausflugsmöglichkeiten** auf die Inseln Greifswalder Oie 5 und Ruden 4. Das Ostseebad **Zinnowitz** 8 ist besonders bekannt für seine beeindruckende Bäderarchitektur. Die Bäder **Karlshagen** 6 und **Trassenheide** 7 haben sich als beliebte Reiseziele für Familien mit Kindern einen Namen gemacht.

In den Usedomer **Bernsteinbädern** (s. S. 28) geht es besonders ruhig und beschaulich zu. Die idyllischen Orte Zempin 12, Koserow 13, Ückeritz 17 und Loddin 16 verfügen zwar über keine herausragenden Sehenswürdigkeiten, locken aber mit ihrer Ursprünglichkeit und relativen Abgeschiedenheit viele erholungssuchende Touristen an. **Zempin,** dem kleinsten Seebad Usedoms, gelegen an der schmalen Landenge zwischen Ostsee und Achterwasser, verleihen die im Morgengrauen anlegenden Fischerboote einen besonderen Zauber. **Koserow** kann mit der Legende der Bernsteinhexe (s. S. 39), einer beeindruckenden Steilküste sowie seinen historischen Salzhütten 14 aufwarten. **Ückeritz** ist vor allem für seine seit den 1930er-Jahren beste-

◁ *Vorseite: Die typische Bäderarchitektur ist eine der Attraktionen in Usedoms Seebädern*

110ud-mb

hende alternative Künstler-Community bekannt. Und das Fischerdorf **Loddin** zeichnen seine traditionelle Reetdacharchitektur und einer der nördlichsten Weinberge Deutschlands aus.

Traditionell unterschätzt, aber überaus sehenswert ist das **Achterland** (s. S. 38). Es ist insbesondere für **Erholungssuchende** fernab des Trubels der Kaiserbäder eine ideale Adresse. Wie unberührt wirkende Landschaften, winzige Badestellen, die ältesten Kirchen, wunderbar **kreative Hofläden** und private Verkaufstischchen bieten hier vielerlei Möglichkeiten zum Staunen und Stöbern. Insbesondere die sommerliche Natur mit ihren üppigen Wildblumenwiesen und sonnengelben Getreidefeldern ist eine wahre Augenweide.

Abendstimmung an der Seebrücke von Heringsdorf 36

Die **Kaiserbäder** (s. S. 54) sind dagegen die **pulsierenden Zentren** auf der deutschen Seite der Insel: In Bansin, Ahlbeck und Heringsdorf kann nach Herzenslust getafelt und flaniert werden. Die drei großen Seebäder locken mit einem umfangreichen Freizeitangebot und bilden das kulturelle Herzstück von Usedom. **Bädervillen** in hellen Farben prägen die Orte auch jenseits der imponierenden **Seebrücken** und der zur Hochsaison dicht bevölkerten **Strandpromenade.**

Das größte und zudem älteste Seebad Usedoms ist **Swinemünde** (s. S. 65), auf Polnisch **Świnoujście,** das seit 1945 zu Polen gehört und sich in den letzten Jahren zu einem der beliebtesten Urlaubsorte an der polnischen Ostseeküste gemausert hat. Das östlichste Seebad der Insel verfügt nicht nur über den **breitesten Sandstrand** auf Usedom, sondern auch über viele kleine gastronomische Kleinode und eine **pittoreske Altstadt** 39.

Inselsteckbrief

- **Lage:** Die Insel Usedom liegt im nordöstlichen Zipfel Deutschlands. Ein kleiner Teil von ihr – nämlich die Stadt Swinemünde (Świnoujście) – gehört seit 1945 zu Polen. Was für Deutsche ganz im Nordosten liegt, gilt im Nachbarland Polen als entlegenes Eiland im äußersten Nordwesten des Landes: Wollin (Wolin), Usedoms östliche Schwesterinsel.
- **Ausdehnung:** Usedom erstreckt sich über mehr als 50 Kilometer von Peenemünde 1 im Nordwesten der Insel bis zur Kaiserfahrt südöstlich von Swinemünde. In der Ost-West-Ausdehnung sind es 30 Kilometer von der Zecheriner Brücke bis zur Mühlenbake in Swinemünde. Wollin erstreckt sich über 34 Kilometer vom rechten Swineufer bis zum Fluss Dievenow (Dziwna) im äußersten Nordosten und gut 20 Kilometer von der Ostseeküste im Norden bis zur Südspitze bei der Stadt Wollin.
- **Höchste Erhebung:** Auf der Insel Usedom ist es der Golm 32 mit 69 Metern bei Kamminke 31; auf Wollin der Relixberg (Grzywacz) mit 116 Metern an der Wolliner Steilküste 46 zwischen Misdroy (Międzyzdroje) 44 und Neuendorf (Wisełka) 51.
- **Fläche:** Usedom ist 445 km² groß, Wollin 265 km².
- **Einwohner:** Im deutschen Teil der Insel leben ca. 21.000, im polnischen Hauptort Swinemünde (Świnoujście) ca. 40.000 und auf der Insel Wollin ca. 15.000 Menschen (2021/2022).
- **Bevölkerungsdichte:** Usedom zählt 137 Einwohner/km², Wollin 54 Einwohner/km².
- **Tourismus:** Die Coronapandemie hat den Inseln Usedom und Wollin arg zu schaffen gemacht: 2022 kamen ca. ein Drittel weniger Gäste als noch 2019. Gut 800.000 Urlauber besuchten den deutschen Teil Usedoms (etwa die Hälfte von ihnen übernachtete in den Kaiserbädern). Außerdem nächtigten 121.000 Camper auf den Zeltplätzen der Insel. Die Inselhauptstadt Swinemünde verzeichnete 2022 fast 300.000 Übernachtungsgäste.

Für Naturfreunde, aber auch Partylustige eignet sich Usedoms **Schwesterinsel Wollin** (s. S. 77) mit ihrem **faszinierenden Nationalpark** 45, dem eindrucksvollen Türkissee 48 und dem **pulsierenden Seebad Misdroy (Międzyzdroje)** 44. Dort tummeln sich nicht nur traditionell polnische Badegäste, sondern auch immer mehr Urlauber aus Deutschland. Längst sind der polnische und der deutsche Teil des Eilands zu einem **Erholungsparadies mit grüner Grenze** zusammengewachsen. Gemeinsam mit Wollin bietet Usedom also eine überaus vielfältige Urlaubsregion, die es zu entdecken gilt.

Wie die Insel erkunden?

Die **Ostseebäder Usedoms** lassen sich schnell und bequem mit der **Usedomer Bäderbahn** (UBB, s. S. 132) erreichen. Sie verbindet die größte Stadt Swinemünde, die Kaiser- und Bernsteinbäder, die Ostseebäder im Norden Usedoms sowie Peenemünde und Wolgast.

Eher zu vernachlässigen ist der **Busverkehr** (ebenfalls s. S. 132) auf Usedom. Zwar gibt es mehrere Busverbindungen auf Usedom – vor allem im **Achterland** und im **Norden** der Insel –, doch die Busse verkehren meist nur wenige Male am Tag. Eine Ausnahme bilden die **Linienbusse 290 und 291** zwischen Ahlbeck und Bansin, die in der Zeit zwischen 9 und 18 Uhr alle 30 Minuten fahren.

Wer die Sehenswürdigkeiten jenseits der Seebäder erkunden möchte, verlässt sich daher besser aufs eigene **Auto** oder nutzt das **Fahrrad** (Details s. Radfahren auf S. 95) für eine Tour durch das beschauliche Hinterland Usedoms.

Das Zentrum von **Swinemünde,** der größten Stadt auf der Insel Usedom, lässt sich gut **zu Fuß** erkunden. Wer schnell zwischen Altstadt 39, Festungsanlagen 41 und Strandpromenade unterwegs sein möchte, schwingt sich am besten aufs Rad. Zur **Nachbarinsel Wollin** verkehrt eine **Fähre** für Fußgänger und Radfahrer (s. S. 68) – Autofahrer nutzen den Swinetunnel (s. S. 71).

Auf der **Insel Wollin** selbst ist der öffentliche Nahverkehr nur **spärlich ausgebaut.** Für Urlauber ohne polnische Sprachkenntnisse können vor allem die Busfahrten zu einem kleinen Abenteuer werden. Mit dem **Rad oder Auto** hingegen lässt sich Wollin gut erkunden. Eine gut ausgebaute **Schnellstraße** führt außerdem quer über die Insel und verbindet Swinemünde mit Stettin.

016ud-mb

Die Mühlenbake – seit fast eineinhalb Jahrhunderten das Wahrzeichen Swinemündes

Usedoms Norden

Der lang gezogene Nordteil der Insel könnte facettenreicher kaum sein: Am äußersten Peenemünder Haken liegt das riesige Gelände der ehemaligen Heeresversuchsanstalt, inmitten der Ostsee befinden sich die unter Naturschutz stehenden Inseln Greifswalder Oie und Ruden. Die Seebäder Karlshagen und Trassenheide mit ihren feinkörnigen Stränden und dem attraktiven Freizeitangebot für Kinder ziehen vor allem Familien an. Wer dagegen Stille und idyllische Naturlandschaften sucht, wird auf dem Wolgaster Ort und der Halbinsel Gnitz fündig, wo sich auf ausgedehnten Radtouren verträumte Alleen und zauberhafte Gartencafés entdecken lassen.

1 Peenemünde ★ [A2]

Schon immer stand Peenemünde im Schatten der Usedomer Seebäder. Am nördlichen Zipfel der Insel gelegen, war es noch bis in die 1930er-Jahre ein kleines Fischerdorf. Dann nahmen die Raketenforscher um Wernher von Braun das Dorf in Beschlag, nach ihnen die Rote Armee und schließlich die Nationale Volksarmee. Die langjährige militärische Nutzung hat tiefe Spuren hinterlassen und macht Peenemünde zu einer merkwürdigen Siedlung: Ruinen, große Museen, ein Hafenbecken und ein vereinsamter Flughafen prägen ihr Antlitz. In den umgebenden Wäldern warnen Schilder: „Betreten verboten. Lebensgefahr!“

Bis heute wird das Bild von Peenemünde durch die **Überreste der militärischen Versuchsanstalten** geprägt. In ihnen wurden einst jene Fernraketen entwickelt, die von der nationalsozialistischen Propaganda als „Wunderwaffen“ gepriesen wurden und später den Mythos von Peenemünde als **Wiege der Raumfahrt** begründeten. Am Ortseingang thront die **Ruine des Sauerstoffwerks.** Dort wurde in großen Mengen der für die Raketentriebwerke benötigte Sauerstoff produziert. Noch dominierender wirkt das **Kraftwerk** der Versuchsanstalten, ein gigantisches technisches Denkmal, in dem heute das **Historisch-Technische Museum** 2 sein Domizil hat.

Im **Hafen** von Peenemünde liegen ein **sowjetisches U-Boot** (s. U-Boot Museum unten) und das **Museumsschiff „Hans Beimler“** vor Anker. Beide können besichtigt werden. Doch auch zwei nichtmilitärische Ausstellungen gibt es in Peenemünde zu entdecken: das eher biedere Spielzeugmuseum und die äußerst sehenswerte **Phänomenta** 3.

Unweit der Haltestelle der **Usedomer Bäderbahn** (s. S. 132) befindet sich die nach jahrzehntelangem Verfall rekonstruierte **Kapelle** des Dorfes, die auch als Gedenkstätte für die Opfer von Peenemünde dient.

› **U-Boot Museum** <001> Haupthafen Peenemünde, www.u-461.de, geöffnet: Juli–Mitte Sept. tgl. 9–19 Uhr, Mai/Juni u. Mitte Sept.–Mitte Okt. tgl. 10–17 Uhr, Mitte Okt.–April tgl. 10–15 Uhr, Eintritt: 7 €, Familienkarte 16 €. Konventionell angetriebenes sowjetisches U-Boot, das zwischen 1965 und 1991 durch den Nordatlantik fuhr. Der Besucher zwängt sich durch die engen Gänge, vorbei am Torpedoraum, den Mannschafts- und Offizierskammern, dem Maschinenraum und dem Funkraum. Allerdings ist der Spaß recht schnell vorbei.

› **Museumsschiff „Hans Beimler“** <002> Fährstr. 9, www.museumsschiff-peenemuende.de, geöffnet: tgl. 10–16 Uhr (letzter Einlass 15.30 Uhr), Eintritt: 7 €, erm. 2,50 €. Raketenschnellboot der NVA (Nationalen Volksarmee), der Streitkräfte der DDR, das zwischen 1986 und 1990 auf der Ostsee zum Einsatz kam und nun besichtigt werden kann.

› **Infostelle in der Alten Wache** <003> Zum Hafen 4, Tel. 038371 21464. Im Gasthaus Alte Wache bekommt man nicht nur etwas zu essen, sondern auch Informationen aus erster Hand und Literatur über Peenemünde und Usedom.

❷ Historisch-Technisches Museum Peenemünde ★★★ [A2]

Das Historisch-Technische Museum (HTM) erzählt – zuweilen mit sehr viel Text – die komplizierte Geschichte Peenemündes ❶ *im 20. Jahrhundert. Es führt den Besucher in das Spannungsfeld zwischen den technischen Leistungen jener Wissenschaftler, die in Peenemünde die weltweit erste Rakete in den Weltraum starten ließen, und den Tausenden Toten, die der Bau und militärische Einsatz ihrer Raketen forderte.*

Ab 1936 entstanden rund um Peenemünde hochmoderne Einrichtungen zur Erforschung und Entwicklung neuartiger **Raketenwaffen.** Zu den militärischen Versuchsanstalten gehörten ein großräumiges Testgelände mit diversen Prüfständen, ein Kraftwerk, ein Sauerstoffwerk, Wohnsiedlungen für mehrere Tausend Wissenschaftler und Arbeiter sowie eine eigene Werksbahn. Ab 1940 wurden auch **Zwangsarbeiter** eingesetzt, die in verschiedenen Lagern untergebracht waren.

Im Oktober 1942 erfolgte der erste erfolgreiche Start einer **Aggregat-4-Rakete (A4),** wenige Monate später konnte sie bereits in Serie hergestellt werden. Als die Alliierten die Brisanz der neuartigen Fernwaffen erkannten, flog die britische Royal Air Force in der Nacht vom 17. auf den 18. August 1943 massive **Luftangriffe** gegen Peenemünde. Aufgrund der erheblichen Zerstörungen wurde die Serienproduktion der Raketen daraufhin in ein Stollensystem im Harz verlegt, wo Häftlinge des **KZ Mittelbau-Dora** zur Produktion der Raketen gezwungen wurden. Mehr als 10.000 von ihnen kamen beim Ausbau der Stollen und während der Produktion der A4 ums Leben. Durch den Einsatz der Raketen starben etwa 8000 Menschen.

Modelle der einst als Terrorwaffen gegen die Zivilbevölkerung konzipierten und größtenteils von Zwangsarbeitern gefertigten, damals propagandistisch als **„Vergeltungswaffen" V1** (Fieseler Fi 103) und **V2** (A4) bezeichneten Raketen sind auf dem Museumsgelände ausgestellt. Im monumentalen Klinkerbau des Kraftwerks wird die **Geschichte der Raketenentwicklung** und des Orts Peenemünde erzählt. Rund um Peenemünde informieren Tafeln über die Ruinen der militärischen Vergangenheit.

› Im Kraftwerk, www.museum-peenemuende.de, geöffnet: April–Sept. tgl. 10–18, Okt. tgl. 10–16, Nov.–März Di.–So. 10–16 Uhr, Eintritt: 10 €, erm. 7 €, Kinder 2 €, Audioguide 2,50 €, Aussichtsplattform auf dem Dach des Kraftwerks (Treppenlift) 1 €

❸ Phänomenta ★★ [A2]

Die Phänomenta ist ein Paradies für alle neugierigen Menschen – egal ob Groß oder Klein. Weit über 200 **naturwissenschaftliche und physikalische Phänomene** werden hier vorgestellt. Und um diese zu verstehen, muss man aktiv werden! Man muss die Exponate anfassen, sie ausprobieren oder sie im Dunkeln ertas-

AKW Lubmin

Am westlichen Ufer der Peenemündung, gegenüber der Nordspitze Usedoms, steht eine Sehenswürdigkeit am Strand, von der man auf der Insel lieber schweigt: das ehemalige Kernkraftwerk „Bruno Leuschner". Dabei lohnt sich ein Besuch der Atomanlage auf dem Festland durchaus. Denn wo sonst hat man schon die Gelegenheit, das Innere eines Atomreaktors zu besichtigen? Möglich wurde dieses schaurig-faszinierende Erlebnis dank einer Fügung der Geschichte.

In Lubmin sollte einst die mit acht Reaktoren größte Atomanlage der Welt entstehen. Die ersten vier Meiler produzierten seit den 1970er-Jahren Strom, ein fünfter ging 1989 in den Probebetrieb. Sie sicherten etwa elf Prozent der Energieversorgung in der DDR. Auch der sechste Reaktor war bereits fertiggestellt, jedoch noch nicht mit Brennstäben bestückt, als die Wende das Ende der ostdeutschen Atomwirtschaft besiegelte. Deshalb kann er heute besichtigt werden. Anfang 1990 berichtete Der Spiegel über massive Sicherheitsprobleme im AKW Lubmin und machte schwerwiegende Störfälle öffentlich. Auch eine Expertenkommission bescheinigte den Reaktoren 1 bis 4 ein erhebliches Gefahrenpotenzial. Daher wurden noch im selben Jahr alle Blöcke der Atomanlage abgeschaltet. Wenig später begann man mit dem Rückbau des AKWs Lubmin und der Einrichtung eines Zwischenlagers für radioaktive Abfälle.

› **Informationszentrum der Energiewerke Nord** <004> Latzower Str. 1, Rubenow, www.ewn-gmbh.de (unter „Information"/„Besichtigung KKW Greifswald"), Tel. 038354 48029, geöffnet: Mo.–Do. 9–15.30, Fr. 9–13 Uhr, April–Okt. am Wochenende auf Anfrage geöffnet, Eintritt frei. Zur Besichtigung von Block 6 muss einige Tage vorher ein Termin vereinbart werden.

› **Anfahrt:** Mit dem Auto fährt man über Wolgast. Per Rad setzt man mit der Fähre von Peenemünde 1 nach Freest (s. S. 118) über und radelt dann ca. 5 km in Richtung Lubmin.

ten. So begegnet man mit viel Spaß Themen, die in der Schule mitunter arges Kopfzerbrechen bereiteten: den Newtonschen Gesetzen, den Geheimnissen der Optik, magnetischen Feldern oder elektrischem Strom. Eine faszinierende Welt, in der die eigenen Sinne auf den Prüfstand gestellt werden.

› Museumstr. 12, www.phaenomenta-peenemuende.de, geöffnet: Febr.-Okt. und in der Regel in den Weihnachtsferien (nachfragen!) tgl. 10-18 Uhr, Eintritt: 13,50 €, erm. 12,50 €, Kinder 7-18 Jahre 11,50 €, Kinder 3-6 Jahre 7,50 €

4 Insel Ruden ★

Wer Lust auf einen kleineren **Tagesausflug** über die Ostsee hat, ist mit einem Trip zu der **ehemaligen Lotseninsel Ruden** gut beraten. Mit der **MS „Seeadler"** erreicht man das naturgeschützte Eiland im Greifswalder Bodden von Peenemünde 1 aus in nur einer Dreiviertelstunde. Ausflugsgäste können dort während eines einstündigen Landgangs auf einem **Rundweg** die Insel erkunden und einen 20 Meter hohen **Backsteinturm** besteigen. Dieser wurde einst als Beobachtungs- und Messturm für die Heeresversuchsanstalt Peenemünde erbaut und birgt heute eine kleine **Ausstellung** zur Geschichte Rudens.

Vom Turm aus bietet sich eine großartige Aussicht auf eine Kolonie Tausender **Kormorane.** Mit etwas Glück sieht man hier auch einen **Seeadler.** Der Blick reicht hinüber bis zum Festland und vermittelt zugleich einen Eindruck von der Größe Rudens: Gut zwei Kilometer erstreckt sich die Insel von Nord nach Süd, doch die breiteste Stelle misst lediglich 395 Meter. Da fällt es schwer zu glauben, dass die trotz massiven Küstenschutzes sich durch die Naturgewalten der Ostsee stetig **verkleinernde Insel** Anfang des 20. Jh. einmal von 88 Menschen bewohnt war. Sogar eine Schule gab es bis Anfang der 1930er-Jahre. Gegenwärtig ist das Eiland unbewohnt.

Da Ruden nur knapp zwei Kilometer vor der Küste liegt, kam der kleinen Insel lange Zeit eine hohe **strategische Bedeutung** zu: Drei Jahrhunderte diente sie als Lotsenstation der Regelung des Schiffsverkehrs im Greifswalder Bodden. Nach der Nutzung durch die Heeresversuchsanstalt Peenemünde waren bis 1990 **Grenzpolizei und Seestreitkräfte der DDR** auf Ruden stationiert. Heute wird das Eiland von der Naturschutzgesellschaft Vorpommern verwaltet.

5 Greifswalder Oie ★

Zugegeben: Die **Überfahrt** zur Greifswalder Oie kann bei windigem Wetter eine schaukelige Angelegenheit werden. Doch zu einem Urlaub am Meer gehört eine Schiffsfahrt schließlich irgendwie dazu. Knapp eineinhalb Stunden benötigt die **MS „Seeadler“** zu der zwölf Kilometer vor Usedom gelegenen Insel. Das Schiff ist die einzige Möglichkeit für Tagestouristen, das **streng geschützte Eiland** zu besuchen. Nur die Besatzung des Seenotrettungskreuzers „Berthold Beitz“ und Mitarbeiter des **Vereins Jordsand** dürfen sich dort längere Zeit aufhalten.

Aufgrund ihrer Lage im offenen Meer ist die Greifswalder Oie ein wichtiges Rast- und Nahrungsgebiet für **Wasser- und Zugvögel.** Daher betreibt der Verein Jordsand eine Vogelberingungsstation auf der Insel. Besucher werden von Mitarbeitern des Vereins im Rahmen von **Führungen** über die Tier- und Pflanzenwelt und die Geschichte der Insel informiert. Bei diesem Rundgang lässt sich auch der fast 39 Meter hohe **Leuchtturm** der Greifswalder Oie erklimmen, dessen Grundstein 1853 der preußische König Friedrich Wilhelm IV. höchstpersönlich legte.

In den 1920er-Jahren wurden ein Hotel und ein Restaurant auf der Insel eröffnet. Doch die touristische Nutzung fand schnell ein Ende, als

Wie kommt man zu den Inseln?

Auf die **Inseln Ruden** 4 und **Greifswalder Oie** 5 gelangt man ausschließlich mit den Schiffen der **Reederei Apollo.** Sie bietet ganzjährig Ausflugsfahrten ab den Häfen Peenemünde und Freest an.

- **Insel Ruden:** Juli, Aug. tgl., Sept., Okt. So.–Fr., Nov.–April Sa., Mai, Juni Di.–Do. u. Sa., So., Dauer 3 Std., Fahrpreis 25 €, Kinder 5–11 Jahre 12 €
- **Greifswalder Oie:** Juli, Aug. tgl., Sept., Okt. Mo., Do., Sa., Nov.–April Fr., Mai, Juni Mi., Do. u. Sa., Dauer 5 Std., Fahrpreis 37 €, Kinder 5–11 Jahre 18 €
- **Apollo Fahrgastreederei** <005> Hafenpromenade 8, Peenemünde, www.schifffahrt-apollo.de, Tel. 038371 28429

1937 die Raketenforscher der **Heeresversuchsanstalt Peenemünde** die Greifswalder Oie vereinnahmten. Sie testeten auf der abgeschiedenen Insel ihre neu entwickelten Flugkörper. Zu DDR-Zeiten nutzte die Nationale Volksarmee die Greifswalder Oie zur Luftraum- und Radarüberwachung. Noch heute sind die **Überreste der militärischen Nutzung** auf der Insel sichtbar.

› **Leuchtturm Greifswalder Oie,** Eintritt 3 €, erm. 2 €

6 Ostseebad Karlshagen ★ [B2]

Das nördlichste der Usedomer Seebäder ist besonders bei Familien mit Kindern beliebt. Der Strand ist feinsandig und breit, das Wasser flach und direkt an der Karlshagener Promenade gibt es ein Naturschutzzentrum, einen Zauberwaldspielplatz sowie eine Minigolfanlage. Aktivurlauber können am Strand stundenlang Volleyball spielen.

Nur ein **halbstündiger Spaziergang** trennt die Strandpromenade an der Ostsee vom Hafen an der Peene. Zu **DDR-Zeiten** war hier die größte **Fischwirtschaftsgenossenschaft** des Landes beheimatet. Doch nach der Wende ging die Fischerei danieder. Der Hafen wurde zu einer idyllischen Marina und Karlshagen – 1829 gegründet, um auf Usedom neue Gebiete für die Fischerei zu erschließen – endgültig zum Ferienort.

Der Weg Karlshagens zum Ostseebad war jedoch denkbar schwierig. Abseits der großen Usedomer Seebäder kam der **Badetourismus** erst Ende des 19. Jh. langsam in Gang, bis in Peenemünde 1 1936 die militärischen Versuchsanstalten errichtet wurden. Für Tausende Arbeiter, Techniker und Wissenschaftler wurde eine **Wohnsiedlung** in Karlshagen erbaut. Als in der Nacht vom 17. auf den 18. August 1943 britische Flieger Peenemünde bombardierten, wurde auch diese Wohnsiedlung in großen Teilen dem Erdboden gleichgemacht.

Nur langsam erholte sich Karlshagen von den Zerstörungen des Krieges. Während der DDR-Zeit blieb die Siedlung geprägt vom **Militär.** Viele Angehörige der Nationalen Volksarmee (NVA) lebten hier und das Sperrgebiet Peenemünde begann gleich hinter der Ortsgrenze. Sommergäste kamen trotzdem, vor allem in die zahlreichen **Betriebsferienlager** und in das legendäre **Kinderferienlager „German Titow“** der NVA, benannt nach einem sowjetischen Kosmonauten.

017ud-ab

Am Ortsausgang in Richtung Trassenheide 7 befindet sich die **Mahn- und Gedenkstätte Karlshagen.** Sie wurde 1970 in Erinnerung an die ermordeten Häftlinge und Zwangsarbeiter der umliegenden Lager eingeweiht. Zuvor stand an gleicher Stelle ein Hochkreuz für die Opfer der Bombardierung Peenemündes. Seit ihrer Umgestaltung 1994 ist die **frei zugängliche Gedenkstätte** allen Opfern des Zweiten Weltkriegs aus Karlshagen und Trassenheide gewidmet.

› **Naturschutzzentrum Karlshagen** <006> Dünenstraße, www.naturschutzzentrum-karlshagen.de, geöffnet: Di., Do. 13–17 Uhr (an Feiertagen geschlossen), Eintritt frei. Das Naturschutzzentrum informiert über Moore, Seevögel und die Naturschutzgebiete auf der Insel Usedom. Es werden auch geführte Wanderungen (kostenlos, Spende erwünscht) angeboten.

› **Karlchens Zauberwald** <007> Strandpromenade Karlshagen. Klettern, Rutschen und Schaukeln im Kiefernwald.

› **Mahn- und Gedenkstätte Karlshagen** <008>

Infos und Reisetipps

› **Touristinformation Karlshagen** <009> Hauptstr. 4, Tel. 038371 55490, www.karlshagen.de/ostseebad/haus-des-gastes, geöffnet: Juni–Aug. Mo.–Fr. 9–18, Sa., So. 10–15, Nov.–März Mo.–Mi. u. Fr. 9–17, Do. 9–18, April, Okt. Mo.–Mi. u. Fr. 9–17, Do. 9–18, Sa. 10–12, Mai, Sept. Mo.–Fr. 9–18, Sa. 10–12 Uhr

Essen und Trinken

› **Restaurant Veermaster** €€ <010> Am Hafen 2, Tel. 038371 21012, www.restaurant-veermaster.de, geöffnet: Mai–Okt. Di.–Fr. ab 16, Sa., So. ab 11.30 Uhr, Nov.–April Mi.–Fr. ab 17, Sa. ab 11.30, So. 11.30–15 Uhr. Sehr idyllisch am Karlshagener Hafen gelegen, wartet das Veermaster mit einem kleinen, aber feinen Angebot an Fischspezialitäten und gegrilltem Fleisch auf.

Mosaik von Klaus Rösler in der Mahn- und Gedenkstätte Karlshagen

7 Ostseebad Trassenheide ★ [B3]

Das eher bescheidene Ostseebad Trassenheide eignet sich, ebenso wie Karlshagen 6, mit seinem feinen Sandstrand und dem ausgedehnten Flachwasserbereich ideal für einen Familienurlaub. Wenn das Burgenbauen am Strand mit der Zeit langweilig wird oder schlechtes Wetter aufzieht, bieten sich weitere Möglichkeiten für die Bespaßung des Nachwuchses an.

Trassenheides großzügiger Strand ist durch einen **Dünenwall** vom dahinterliegenden, schattigen **Küstenwald** getrennt. Und ein Aufenthalt im Schatten tut manchmal durchaus gut, denn der Ort wirbt damit, einer der **sonnenreichsten Plätze** auf der Sonneninsel Usedom zu sein. Darauf sind die Trassenheider so stolz, dass sie die Zahl Jahr für Jahr akribisch dokumentieren: 2022 waren es ganze 2080 Sonnenstunden.

Der ursprüngliche Name des Ortes lautete **Hammelstall** – ein Hinweis auf die hier einst extensiv betriebene Schafzucht, denn an Weideflächen mangelte es wahrlich nicht. Mit dem Aufkeimen des **Bädertourismus** stand der Name jedoch in einem grotesken Gegensatz zur geplanten Vermarktung als modernes Seebad. Also wurde das Örtchen 1910 nach seinem beliebten Förster namens Trassen, der unlängst in einem der umlie-

018ud-ab

Blick über die Dünen des Ostseebads Trassenheide 7

genden Sumpfgebiete ertrunken war, in Trassenheide umbenannt.

Der große Bäderboom blieb dennoch aus, da der Norden Usedoms ab 1936 wegen der **Heeresversuchsanstalt Peenemünde** zum **militärischen Sperrgebiet** erklärt worden war. Bei einem Großangriff britischer Bomber, die ursprünglich eben jene Heeresversuchsanstalt zum Ziel gehabt hatten, wurde Trassenheide 1943 schwer zerstört. Unter den vielen Toten waren auch über 600 der dort festgehaltenen Zwangsarbeiter.

Nach Kriegsende eröffneten über einhundert Betriebe hier im Ort **Erholungsheime** für den Nachwuchs ihrer Angestellten. Allein das „Raymonde Dien", eines der größten **Pionier-Ferienlager** der DDR, beherbergte im Sommer täglich 1200 kleine Gäste.

Allerlei **Freizeitangebote für Familien** sind auf einem großzügigen Gelände mit Gewerbegebietscharme unweit der Haltestelle der Bäderbahn zugänglich. Das Ensemble lockt täglich Familien mit gelangweilten Kindern von der gesamten Insel für Kurzausflüge nach Trassenheide. Den Kindern ist das nicht ganz ausgeglichene Preis-Leistungs-Verhältnis egal, die Eltern zahlen dankbar (fast) jeden Preis, um die Kleinen beschäftigt zu wissen.

› **Kurverwaltung Ostseebad Trassenheide** <011> Strandstr. 36, www.trassenheide.de, geöffnet: Mai–Sept. Mo.–Fr. 9–12, 13–18, Sa. 9–12, 12.30–15, April, Okt. Mo.–Fr. 9–12, 13–17, Sa. 9–12, 12.30–14, Nov.–März Mo.–Fr. 9–12, 13–16 Uhr

Die Tauchgondel ist einer der Symbolbauten von Zinnowitz

8 Ostseebad Zinnowitz ★★★ [C3]

Das von dichten Wäldern umrahmte Zinnowitz mit seiner über 700-jährigen Geschichte zählt zweifellos zu den schönsten Seebädern Usedoms. Seine Wahrzeichen sind die hölzerne Vineta-Seebrücke mit der Tauchgondel und die eindrucksvollen Fassaden der Bäderarchitektur entlang der Strandpromenade. Seit ihrer umfangreichen Restaurierung in den 1990er-Jahren erstrahlt die „Perle der Ostsee" in vollem Glanz.

Bis der Ort 1863 endlich an das **Eisenbahnnetz** angebunden wurde, versprach eine Reise nach Zinnowitz nur wenig Komfort: Nach Wolgast ging es für Badegäste mit der Fähre und von dort aus ruckelten sie ihrem Ziel mit dem „Post-Omnibus" entgegen. Aus den Zeiten des nachfolgenden Tourismusbooms stammt die bis heute erhaltene **prächtige Bäderarchitektur** des Ortes. Angeführt durch den imposanten **Preußenhof** (s. MuseumsCafé, S. 23), prägt der Bäderstil nach wie vor die Strandpromenade, die gleichzeitig die Flaniermeile von Zinnowitz ist.

Das Bad hieß allerdings längst nicht immer alle Urlauber gleichermaßen willkommen. Zinnowitz gab sich schon in den 1920er-Jahren betont **deutsch-national**, hisste demonstrativ die kaiserliche Flagge und war **jüdischen Badegästen** bereits lange vor dem Machtantritt der NSDAP verschlossen (s. Exkurs „Bäder-Antisemitismus" auf S. 23). 1938 war der Traum vom mondänen Seebad auch für alle anderen ausgeträumt: Der Ort wurde Teil des **militärischen Sperrgebiets Peenemünde.**

Nach dem Zweiten Weltkrieg erholte sich der Tourismus überraschend schnell, sodass Zinnowitz 1950 **„Erstes Seebad der Werktätigen"** wurde. Einen Großteil der Hotels und Pensionen enteignete man jedoch im Rahmen der **„Aktion Rose"** (s. S. 22). Verfallener Zeuge der DDR-Geschichte ist das monumentale **Kulturhaus** 9.

Nach der Wende erlebte Zinnowitz eine neuerliche Renaissance. Sein Aushängeschild ist heute die 315 Meter lange **Vineta-Seebrücke** mit ihrer **Tauchgondel**, die Besucher in die schlammigen Unterwasserwelten der Ostsee entführt. An monumentaler

019ud-ab

KURZ & KNAPP

„Aktion Rose"

Usedom im Februar 1953: Noch sind viele Hotels, Pensionen und Gaststätten in **Privatbesitz.** Da lässt die Staats- und Parteiführung der DDR in einer **generalstabsmäßig geplanten Aktion** wegen vermeintlicher Verstöße gegen das „Gesetz zum Schutz des Volkseigentums und anderen gesellschaftlichen Eigentums" ermitteln. An der gesamten Ostseeküste der DDR werden in Schnellverfahren über 400 Privatunternehmer wegen des Anlegens von Lebensmittelvorräten und anderer Delikte zu **hohen Haftstrafen** verurteilt. Ihr Vermögen wird eingezogen. Der **Feriendienst des FDGB,** der offizielle und staatlich gelenkte Dachverband der Gewerkschaften, und andere große Betriebe bzw. gesellschaftliche Organisationen übernehmen viele der **enteigneten Hotels.**

Hässlichkeit kann es mit der Tauchgondel nur das **Ostsee-Lift-Café** (s. S. 23) aufnehmen, das sich jeweils zur vollen Stunde auf eine übersichtliche Höhe von 25 Metern hochschraubt und **interessante Ausblicke** auf das Seebad gewährt.

Kultureller Höhepunkt sind die jährlich unter freiem Himmel auf der **Ostseebühne** veranstalteten **Vineta Festspiele** (s. S. 102). Daneben finden im **Theater „Die Blechbüchse"** (s. S. 24) – einem eigenwilligen Bau, der früher „Urlauberbegegnungsstätte" hieß und im Winter als Abstellort für die Zinnowitzer Strandkörbe diente – Musik-, Theater- und Literaturveranstaltungen statt.

› **Tauchgondel** <012> An der Strandpromenade, www.tauchgondel.de, April, Mai, Sept., Okt. Di.–Sa. 10–18, Juni–Aug. Di.–Sa. 10–19, Nov.–März Mi.–Sa. 11–16 Uhr, witterungsbedingter Ausfall möglich, Eintritt: 8,50 €, Kinder bis 15 Jahre 5,50 €. Ein Tauchgang dauert ca. 30–40 Min.

› **Ostseebühne** <013> Seestr. 8

9 Kulturhaus Zinnowitz ★ [C3]

Lange bot das leer stehende Kulturhaus im Zentrum ein Bild romantischen Verfalls. Von wuchernden Pflanzen umrankt und Bauzäunen umstellt, stand die denkmalgeschützte Ruine im krassen Kontrast zu den aufwendig renovierten Bädervillen in ihrer Nachbarschaft. Mittlerweile ist das Zinnowitzer Kulturhaus eine Großbaustelle.

In den 1950er-Jahren sollte Zinnowitz zum **Symbol klassenloser Erholung** an der Ostsee werden. Dafür wurden im „Ersten Seebad der Werktätigen" eine Schwimmhalle, Sportstätten, Wohnungen und Ferienheime gebaut. Zum Aushängeschild des Ortes entwickelte sich jedoch das „Kulturhaus Deutsch-Sowjetische Freundschaft". Es wurde von 1953 bis 1957 als Multifunktionsgebäude im Stil des **sozialistischen Klassizismus** errichtet – mit einem riesigen, 900 Personen fassenden Kinosaal, einem Speisesaal für immerhin 400 Menschen und natürlich dem Theater, in dem Stars der DDR und internationale Künstler auftraten, z. B. aus der Grand Opéra Paris oder dem indischen Nationalballett.

Mit der **Wende** fand das lebhafte Kulturtreiben ein jähes Ende: Laufende Renovierungsarbeiten wurden eingestellt und nahezu die komplette Inneneinrichtung des Gebäudes geplündert. Daraufhin rottete das direkt am zentralen Stadtpark gelegene Kulturhaus über ein Vierteljahrhundert still vor sich hin.

Nun scheinen sich lang gehegte Pläne zu verwirklichen: Das Kulturhaus wird in eine **exklusive Wohnanlage mit Spa- und Fitnessbereich** verwandelt. Von den 86 renditeträchtigen Immobilieneinheiten im Herzen des einstigen Seebads der Werktätigen sollen einige schon verkauft sein – ein Einzugstermin, der für Mai 2020 versprochen war, ist allerdings noch nicht in Sicht. Käufer und Gemeinde müssen noch etwas Geduld aufbringen.

› Dannweg 19, www.kulturhaus-zinnowitz.de

Infos und Reisetipps

› **Kurverwaltung Zinnowitz** <014> Neue Strandstr. 30, Tel. 038377 4920, www.zinnowitz.de/zinnowitz/hausdesgastes, geöffnet: Mai–Okt. Mo.–Fr. 9–18, Sa., So. 10–15, Nov.–April Mo.–Fr. 9–16, Sa. 10–15 Uhr

Essen und Trinken

› **MuseumsCafé** <015> im Strandhotel Preußenhof, Dünenstr. 10, Facebook: MuseumsCafe.Preussenhof, geöffnet: tgl. 12–21 Uhr. Schickes, trotz seiner Größe gemütliches Café im Stil der Goldenen Zwanziger. Besonders empfehlenswert ist die immer große Auswahl an frisch gebackenen Kuchen und Torten.

› **Ostsee-Lift-Café** <016> Neue Strandstr. 30 a, www.promenadenhalle.de („Promenadenhalle"/„Ostseelift-Café"), geöffnet: tgl. ab 10 Uhr, Eintritt: 5 €. Hier bestellen die meisten Besucher ein klassisches Kaffeegedeck, bestehend aus Kuchen und einem Heißgetränk. Dabei geht es weniger um kulinarische Genüsse als um die Attraktion, langsam in die Höhe zu gleiten und Zinnowitz aus der Möwenperspektive zu bewundern.

Bäder-Antisemitismus: „Fern bleibt der Itz von Zinnowitz"

Zinnowitz (8) zur Zeit der Weimarer Republik: Am Landungssteg prangt ein Schild mit der Aufschrift „Hier wollen Deutsche unter sich sein", die Hakenkreuz-Fahne ist gehisst und die Kurkapelle spielt das antisemitische „Zinnowitzlied" mit dem Schlussreim „Fern bleibt der Itz von Zinnowitz". Das Seebad sei betont judenrein und darin Bansin (33) noch überlegen, beklagt der Romancier Victor Klemperer während eines Urlaubs auf Usedom in seinem Tagebuch. Und Kurt Tucholsky spottet in der Weltbühne: „Ein herzerfrischender antisemitischer Wind pfeift brausend über den judenreinen Strand des anmutigen Badeörtchens." Heringsdorf (36) hingegen gilt in diesen Zeiten als „Judenbad" – und wird mit antisemitischen Knittelversen verhöhnt.

Das Seebad Zinnowitz stellte jedoch keinen Sonderfall dar. In vielen Kurorten an der deutschen Nord- und Ostseeküste wurden jüdische Badegäste bereits lange vor der Zeit des Nationalsozialismus diskriminiert und von den Promenaden und Stränden verbannt.

Oft waren es die Badedirektionen der weniger renommierten Seebäder, die mit antijüdischer Hetze um die Gunst der Kleinbürger, des bürgerlichen Mittelstands und der traditionellen Eliten buhlten. Denn ihnen war der gesellschaftliche Aufstieg jener häufig wohlhabenden und gebildeten jüdischen Kaufleute, die in den Seebädern Erholung suchten, ein Dorn im Auge.

Das Bild vom Antisemitismus auf Usedom bliebe jedoch unvollständig, würde man nicht auch darauf hinweisen, dass Ortsgruppen der SPD, Gewerkschafter und Arbeiter mehrfach öffentlich gegen die judenfeindlichen Umtriebe auf ihrer Insel Stellung bezogen haben.

› **Zum Smutje** €€€ <017> Vinetastr. 5 a, Tel. 038377 41548, www.zum-smutje.de, geöffnet: Di.–Sa. ab 17 Uhr. Das urige Fischrestaurant mit schmucker Holzfassade und Bullaugenfenstern bringt täglich fangfrische Ostseespezialitäten auf den Tisch.

Einkaufen

› **Refugium. Kunst am Meer** <018> Dünenstr. 34, Zinnowitz, www.usedom refugium.de, geöffnet: Juni–Sept. Mo.–Sa. 14–20, So. 13–18 Uhr, Okt. Mi.–So. 14–18 Uhr, Nov.–März Fr., Sa. 11–17 Uhr, April Fr.–So. 14–18 Uhr, Mai Mi.–So. 14–18 Uhr. Im Refugium lassen sich nicht nur Bilder und Plastiken, sondern auch Schmuck und kleine Souvenirs erwerben. Die Vinothek der Galerie führt eine gute Auswahl an europäischen Weinen. In wechselnden Einzel- und Gruppenausstellungen werden die Arbeiten regionaler und internationaler Künstler gezeigt.

Nachtleben

› **Hühnerstall** <019> Möskenweg 24, www.diskothek-huehnerstall.de, geöffnet: Fr., Sa. 22.30–5 Uhr. Der „Hühnerstall" wirbt damit, Usedoms Disco Nummer eins zu sein – und das ist unbestritten, denn er ist die einzige Großraumdiskothek auf der gesamten Insel. Gespielt werden Rock, Pop, Hip-Hop und Alternative. Trotz der Größe eine recht gemütliche Lokalität mit vielen Sonderveranstaltungen wie House- und Technopartys, Ü30-Partys oder Heavy-Metal-Events.

› **Pub Sealord** <020> Vinetastr. 5, Tel. 038377 351200, Facebook: Pub Sealord, geöffnet: Di.–So. 19–24 Uhr. Ein urgemütlicher Pub mit einer unendlich großen Auswahl an Whiskys aus aller Welt. Samstags oder sonntags Livemusik.

› **Theater „Die Blechbüchse"** <021> Seestr. 8, www.blechbuechse.de. In der ehemaligen „Urlauberbegegnungsstätte" finden das ganze Jahr über Theater-, Musik- und Literaturevents statt. Neben klassischen Inszenierungen gibt es auch Comedy-Abende und Stücke für Kinder.

10 Halbinsel Gnitz ★★ [C4]

Nur wenige Kilometer südlich der Seebäder Trassenheide 7 und Zinnowitz 8 ragt die Halbinsel Gnitz ins Achterwasser. Ihre idyllische Abgeschiedenheit, liebevoll geführte Gartencafés und der Ausblick vom Weißen Berg machen sie für Radfahrer und Wanderer zu einem attraktiven Ausflugsziel (s. Radtour 1, S. 95).

Drei kleine Dörfer finden sich auf Gnitz. Zunächst gelangt man nach **Neuendorf** [C4], das als Gut knapp sechs Jahrhunderte Stammsitz des Adelsgeschlechts von Lepel war, bis zu dessen Enteignung 1945. Im aufwendig restaurierten Gutshaus sind heute Ferienwohnungen untergebracht. Besonders sehenswert sind die sogenannten **Pferdeköpfe** am Rande des Dorfs (s. S. 25). Es sind Tiefpumpen zur **Förderung von Erdöl,** die sich erstaunlich harmonisch in die umgebende Landschaft einfügen.

Ein wenig weltentlegen ist der benachbarte Weiler **Netzelkow** [C4]. Hier lockt lediglich ein kleiner Jachthafen ein paar Auswärtige ans Wasser. Allerdings steht im Schatten alter Kastanien die sehenswerte **mittelalterliche Kirche** der Halbinsel Gnitz. Bereits im 15. Jh. wurde das Gotteshaus St. Marien erbaut.

Im Süden der Halbinsel befindet sich das Dorf **Lütow** [B–C4]. Von dort führt ein Wanderweg zum **Möwenort** – jener Südspitze von Gnitz, die zum Naturschutzgebiet erklärt wurde – und auf den 32 Meter hohen **Weißen Berg.**

Das Geheimnis der „Pferdeköpfe" – Usedomer Erdölförderung

Ein leichtes, fast beruhigendes Summen der Maschinen liegt in der Luft. Es kommt von den „Pferdeköpfen", die sich im Kornfeld gleich hinter den Gärten von Neuendorf [C4] monoton auf und ab bewegen. Aus 2500 m Tiefe pumpen sie den Lebenssaft unserer modernen Welt: So beschaulich kann industrielle Erdölgewinnung aussehen.

Im Juni 1965 begann die Geschichte der Erdölförderung auf Usedom. Der VEB Erdöl- und Erdgaserkundung Grimmen stieß bei Suchbohrungen auf der Halbinsel Gnitz 10 auf das begehrte schwarze Gold. Bereits im darauffolgenden Jahr wurde das erste Erdöl auf der Insel gefördert. In Heringsdorf 36 wurde in den 1980er-Jahren zudem Erdgas gefunden – aufgrund der schwierigen Wirtschaftslage der DDR mussten die Förderbemühungen dort jedoch eingestellt werden.

Die Lagerstätte Lütow auf der Halbinsel Gnitz war das bedeutendste Erdölfeld der DDR. Allein 1969 förderte man dort 220.000 Tonnen Erdöl, 2019 waren es „nur" noch 2125 Tonnen. Insgesamt wurden seit 1966 etwa 1,4 Millionen Tonnen des schwarzen Goldes auf Gnitz gewonnen. Das ist aber immer noch weniger als Saudi-Arabien an einem Tag aus der Erde pumpt, weshalb aus Usedoms Fischern bis heute keine Ostseescheichs geworden sind.

Wann die Erdölquellen auf Usedom endgültig versiegen, weiß gegenwärtig niemand. Noch sind auf der Halbinsel Gnitz fünf Tiefpumpen in Betrieb. Von 2012 bis 2015 wurde bei Lütow und Pudagla (s. Schloss Pudagla 19) nach neuen Erdölvorkommen gebohrt. Da ihre Förderung jedoch nicht wirtschaftlich wäre, wurden die Erkundungen schließlich eingestellt.

Als im Herbst 2017 Pläne bekannt wurden, nun doch die Erdgasvorkommen vor der Küste Heringsdorfs zu erschließen, war der Widerstand auf Usedom groß. Umweltverbände, eine Bürgerinitiative und die Lokalpolitik protestierten. Sie fürchteten negative Folgen für Trinkwasser und Tourismus. Ein halbes Jahr später kam die Kehrtwende: Eine Erdgasförderung auf Usedom sei aktuell nicht wirtschaftlich zu betreiben, so das Erdöl- und Erdgasunternehmen Neptune Energy. Selbst als im Winter 2022/2023 die Preise für Erdgas in die Höhe schossen, blieb es bei dieser Einschätzung.

Wacholder, Kiefern und Eichen säumen den Pfad am **Steilufer** des Peenestroms und geben den Blick auf die **Krumminer Wiek** [B4] frei.

In einem Eichenhain am Rande von Lütow zeugt ein **Großsteingrab (Hünengrab)** von der Jahrtausende währenden Besiedlung Usedoms. Es ist die letzte in Teilen erhaltene jungsteinzeitliche Grabanlage (ca. 3000–1800 v. Chr.) auf der gesamten Insel Usedom.

Essen und Trinken

› **Gnitzer Seelchen** <022> Zinnowitzer Str. 2, Neuendorf, www.gnitzer-seelchen.de, geöffnet: Ostern–Oktober Mi.–So. 12–18 Uhr, auch außerhalb der Saison manchmal geöffnet. Kaffee, hausgebackenen Kuchen, frische Limo oder ein kühles Bier gibt es im idyllischen Garten und im modern eingerichteten Café. Die sympathischen Eigentümer haben einen angenehmen Ort zum Wohlfühlen und Pausieren geschaffen.

Einkaufen

› **Hofladen Villa Kunterbunt** <023> Zinnowitzer Str. 6, Neuendorf, www.hofladen-usedom.de, geöffnet: Mo.–Fr. 10–17, Sa. 10–12 Uhr, in den Wintermonaten geschlossen. Fröhlich-bunter Hofladen, der selbst gemachte Fleisch- und Wurstwaren, Marmelade, Obst und Gemüse, Wolle und Schmuck führt. Drum herum gibt es viele glückliche Tiere in Bio-Freilandhaltung zu sehen.

11 Krummin ★★ [B4]

Wer auf der **Halbinsel Wolgaster Ort** den Blinker in Richtung Krummin setzt, stellt die Zeichen auf Entspannung: Fernab von Urlaubermassen und obligatorischen Staus ticken die Uhren hier noch ganz anders. Allein die Anfahrt über die von der B 111 zum Dorf führende, knapp zwei Kilometer lange **Lindenallee** mit über 300 herrlichen Bäumen ist einen Ausflug nach Krummin wert (s. Radtour 1 auf S. 95). Angelegt wurde diese von der **Adelsfamilie Corswandt**, die ab 1793 als Pächter für das Dörfchen verantwortlich zeichnete.

102ud-ab

⌃ *Vielleicht eine der schönsten Perspektiven auf Usedom: die über den Lenker hinweg*

Heute schlägt das Herz des Örtchens an seinem gepflegten, modernen **Naturhafen**, der eine wunderbare Sicht über die **Krumminer Wiek** erlaubt. Ein Jachthafen mit Charterangeboten und organisierten Kanutouren bringt einiges Leben in das ansonsten eher verschlafene Krummin.

Ausgesprochen sehenswert ist die **Pfarrkirche St. Michael**, die einst als Teil eines Zisterzienserinnenklosters angelegt worden war, das aber im Zuge der Reformation aufgegeben werden musste. Von 1827 bis 1844 lebte hier der ehemalige Koserower Pfarrer **Johannes Wilhelm Meinhold**, der sich als Autor des Romans **„Die Bernsteinhexe“** (s. S. 39) einen Namen gemacht hat.

Das besondere Flair Krummins unterstreichen zwei liebevoll geführte **Gartencafés**: die **Naschkatze** (s. u.) und die benachbarte **Pferdetränke** (s. S. 27).

› **Naturhafen Krummin** <024> www.naturhafen.de, Tel. 03836 201660. Bootsverleih, Charterjachten, Kanutouren, Hausboote (s. S. 131).

› **Pfarrkirche St. Michael** <025> Dorfstraße

Essen und Trinken

› **Cafélerie** <026> Trassenheider Str. 7a, Mölschow, Tel. 0173 5120261, geöffnet: April–Okt. Mi.–So. 13–17.30, Nov.–März Fr.–So. 13–17.30 Uhr. Ein stilvolles Café mit gemütlicher Atmosphäre und wunderschönem Garten im alten Gutshaus von Mölschow. Es gibt selbst gebackenen Kuchen – und nebenan Hochprozentiges aus der Usedom Destillerie (s. S. 27).

› **Gartencafé Zur Naschkatze** <027> Dorfstr. 25, geöffnet: April–Sept. Mi.–So. ab

11 Uhr. Liebevoll gestaltetes Kleinod mit großem Spielbereich für Kinder und kreativ bepflanzten, lauschigen Sitzecken. Angeboten werden leckere Kuchen nach traditionell sächsischen Rezepten, Kaffee und kleine Snacks. Beliebteste Mitarbeiterin ist natürlich das namensgebende Haustier, das sich gern im Gartencafé blicken lässt.

› **Zur Pferdetränke** <028> Dorfstr. 31, www.pferdetränke-krummin.de, geöffnet: April–Okt. Di.–So. 11–18 Uhr. Wer sich während einer Fahrradtour stärken möchte, bekommt in der Pferdetränke hausgemachte Suppen und Salate, Fischbrötchen und Kuchen aus dem Steinofen – oder ein kaltes Inselbier aus Heringsdorf. Außerdem gibt es einen kleinen Hofladen und einen Streichelzoo für Kinder.

Einkaufen

› **Galerie im Hühnerstall** <029> Neeberger Str. 9, Neeberg, www.neeberg-galerie-fengshui.de, geöffnet: in der Regel tgl. 11–17 Uhr. Ein ehemaliger Hühnerstall im kleinen Neeberg auf dem Wolgaster Ort beherbergt heute eine liebevoll eingerichtete Galerie mit Bildern, Gebrauchskeramik und Plastiken. Im angrenzenden Feng-Shui-Garten lässt sich ein üppiges Blütenmeer bewundern. Nach Absprache werden auch Malkurse für Kleingruppen angeboten.

› **Usedom Keramik** <030> Zinnowitzer Str. 10, Mölschow, Tel. 038377 42072, www.usedom-keramik.de, geöffnet: ganzjährig, genaue Zeiten erfragen, Juli, Aug. Di.–So. 11–17 Uhr

Mein Tipp

Spirituosen handgemacht

Gin, Whisky, Doppelkorn und Bierbrand – das alles kann man in **Usedoms erster Destillerie** in der alten Gutsanlage Mölschow verkosten und kaufen. Nebenan in der Cafélerie (s. S. 26) gibt es frischen Kuchen.

› **Usedom Destillerie** <031> Trassenheider Str. 7a, Mölschow, www.usedomdestillerie.de, geöffnet: April–Okt. Mi.–So. 13–17.30, Nov.–März Fr.–So. 13–17.30 Uhr

Strände im Norden

Flaches Wasser und viele **Sportmöglichkeiten** machen die Strände im Norden Usedoms besonders für **Familien und Aktivurlauber** attraktiv. Je nach Wetterlage kann man in Karlshagen ❻ und Trassenheide ❼ noch nach 100 Metern im Wasser stehen. Für Kinder gibt es in unmittelbarer Nähe zum Strand in beiden Orten einen **Abenteuerspielplatz** und für die Größeren finden sich unzählige **Volleyballfelder**, auf denen jedes Jahr Anfang August der **Usedom-Beachcup** (s. S. 103) ausgetragen wird. Von Karlshagen bis Zinnowitz ❽ gibt es zudem vielfältige Sport- und Freizeitangebote – vom **Trampolin** übers **Surfen** bis hin zu **Tret- und Motorbootfahrten** (Infos s. Sportstrände in Karlshagen und Zinnowitz S. 99).

Zwischen den drei Ostseebädern sind mehrere Strandabschnitte für **Hunde** ausgewiesen. Die **FKK-Bereiche** befinden sich westlich der Zinnowitzer Seebrücke sowie jeweils östlich von Trassenheide ❼ und Karlshagen ❻. In allen drei Ostseebädern findet man große **Parkplätze in Strandnähe**, die jedoch **gebührenpflichtig** sind.

Neben den Ostseestränden gibt es im Norden Usedoms noch eine weitere **Badestelle an der Krumminer Wiek** [B4]. Sie befindet sich am Campingplatz in Lütow (Natur Camping Usedom, s. S. 128) auf der Halbinsel Gnitz.

Bernsteinbäder

Mehr Inselfeeling als in den vier Bernsteinbädern bekommt man nirgendwo auf Usedom. Geradlinig wie auf einer Perlenkette aufgezogen, säumen sie die Küste dort, wo das Eiland am schmalsten ist. Ihre Nähe zum Achterwasser, wunderschöne Reetdachhäuser und eine familiäre Atmosphäre bescheren den ruhigen Bädern viele Stammgäste.

12 Seebad Zempin ★ [D3]

Absolute Ruhe, unberührte Natur, ein bescheidenes Freizeitangebot und ein einziger Supermarkt mit stark begrenzten Öffnungszeiten: Zempin ist der ideale Ort, um Entschleunigung zu praktizieren. Gleichzeitig sind Achterwasser, Ostseestrand und die belebteren Regionen der Insel nur einen Katzensprung entfernt.

Wer auf einer Karte den Finger auf die schmalste Stelle der Insel legt, zeigt fast direkt auf Zempin, das **kleinste der Usedomer Seebäder.** Eine gerade einmal 300 m breite **Landzunge** trennt dort die Ostsee und das Achterwasser voneinander. Dies führte dazu, dass Usedom während der verheerenden Flutkatastrophe 1872 genau hier überspült wurde. Abgesehen von dieser wenig rühmlichen Besonderheit hat das kleine Bernsteinbad nicht allzu viel Spektakuläres zu bieten (wenn man von zugewucherten Resten einer Abschussrampe der V1 östlich des Campingplatzes einmal absieht). Doch gerade deswegen eignet sich Zempin ideal als **ruhiger Erholungsort:** Wen es in die beschauliche 1000-Seelen-Ortschaft verschlägt, der findet eine Ursprünglichkeit vor, die auf Usedom zunehmend zur Rarität wird.

Frühaufstehern sei ein Spaziergang an den **Zempiner Ostseestrand** ans Herz gelegt. Lange bevor die Schar der Erholungssuchenden mit Kind, Kegel und Plastikdelfin den schmalen Sandstreifen erobert, legen dort die Fischerboote an, in deren Innerem der morgendliche Fang glitzert.

Zum **Sonnenuntergang** empfiehlt sich ein Spaziergang zu dem winzigen **Zempiner Hafen** am Achterwasser. Dort schaukeln einige wenige Boote vor sich hin, während sich das Achterwasser den schönsten Farbspielen hingibt. Auf dem 2021 eröffneten Mehrgenerationenspielplatz in unmittelbarer Nähe finden Groß und Klein tolle Kletter- und Sportgeräte und auch Sehenswürdigkeiten gibt es in Zempin. Nun ja – genau eine. Im **Museum Uns olle Schaul** ist neben Bildern der Zempiner Maler Hugo Scheele und Kurt Heinz Sieger eine Dauerausstellung zur Fischerei zu sehen. In einem rekonstruierten Kolonialwarenladen aus dem Jahr 1928 kann man zudem gedanklich in die Vergangenheit schweifen. Das Geschäft wurde sogar noch bis 1996 betrieben, bis zu jenem Jahr, in dem Zempin als staatliches Seebad anerkannt wurde.

Durch seine zentrale Lage bietet sich Zempin als idealer **Ausgangspunkt für Ausflüge** in den Norden der Insel (s. S. 14) oder in Richtung der Kaiserbäder (s. S. 54) an.

› **Heimatmuseum Uns olle Schaul** <032>
Fischerstr. 11, geöffnet: Mai–Sept. Mi., Sa. 15–18 Uhr, Eintritt frei

Am Strand von Zempin begrüßt ein hölzerner Fischer die Gäste

022ud-ab

Infos und Reisetipps

- **Fremdenverkehrsamt Zempin** <033> Fischerstr. 1, Tel. 038377 42162, https://bernsteinbaeder-usedom.de/zempin/, geöffnet: Juli, Aug. Mo.–Fr. 9–18, Sa., So. 9–12, Juni, Sept. Mo.–Fr. 9–18, Sa. 9–12, Okt.–Mai Mo.–Mi., Fr. 9–16, Do. 9–18 Uhr

Essen und Trinken

- **Inselhof Vineta** €€€ <034> Am Achterwasser 1, Tel. 038377 35200, www.inselhof.de, geöffnet: unregelmäßig, bitte tel. erfragen. Unschlagbar schön ist die Aussicht auf das Achterwasser von der riesigen Sommerterrasse des Inselhofs Vineta aus. Zur kühleren Jahreszeit lockt der Wintergarten mit wärmendem Kamin. Die Küche legt den Schwerpunkt auf pommersche Hausmannskost mit moderner Note.
- **Tau'n Fischer un sin Fru** €€ <035> Waldstr. 11, Tel. 038377 40054, Facebook: TaunFischerunsinFru. Eines der urigsten Fischrestaurants auf Usedom mit unschlagbarem Preis-Leistungs-Verhältnis. Oft ist der „Fischer" daher bis auf den letzten Platz belegt. Reservierungen werden leider während der Saison nicht angenommen, doch das Warten auf den wunderbar zubereiteten Fisch und die ähnlich legendären Kartoffelbeilagen lohnt sich in jedem Fall.

13 Ostseebad Koserow ★★ [D4]

Vor seiner Küste lag die alte Stadt Vineta, die berühmte Bernsteinhexe eilte über seinen Strand und Störtebeker nutze seine schroffen Klippen als private Schatzkammer: Koserow lebt auch heute noch von den Mythen, die den Ort umgeben. Diese können zwar nicht gänzlich darüber hinwegtäuschen, dass der beliebte Ort mit seiner neuen, modernen Seebrücke in den Sommermonaten hoffnungslos überfüllt ist. Dennoch: Den Ausblick vom Streckelsberg und einen Besuch der legendären Salzhütten 14 sollte man sich nicht entgehen lassen.

MEIN TIPP

Büchertausch

Der **Lesevorrat** ist wegen schlechten Wetters oder ungewohnt vieler Freizeitstunden besorgniserregend geschrumpft? Oder die Taschen sind bei der Abreise wieder einmal auf rätselhafte Weise voller als auf der Hinreise, weshalb man die ausgelesene Lektüre ungern zurück in die Heimat schleppen möchte? Auf Usedom ist dies kein Problem. An vielen Orten der Insel kann man seine Bücher tauschen, also an **Sammelstellen** eigene Bücher einstellen und kostenlos neue Lektüre mitnehmen – so z. B. am **Bücherbaum auf dem Dorfplatz in Zempin** ⓬, auf dem **Marktplatz der Stadt Usedom** ㉖ oder in einer **Telefonzelle am Strandzugang in Karlshagen** ❻. In vielen **Usedomer Kirchen** stehen außerdem Körbe mit gebrauchten Büchern bereit, die meist gegen eine kleine Spende abgegeben werden.

Auch Koserow erhebt – wie Zempin ⓬ – den Anspruch, an der schmalsten Stelle der Insel beheimatet zu sein. Die Wahrheit liegt in diesem Fall buchstäblich in der Mitte, nämlich zwischen den beiden Orten, der Ostseeküste und dem Achterwasser. Neben dieser Besonderheit ist Koserow vor allem für die Mythen bekannt, die sich um das kleine Ostseebad ranken: Einer handelt von der berühmten **Bernsteinhexe Maria Schweidler** (s. S. 39), ein anderer von der sagenumwobenen, in der Nähe der Koserower Küste untergegangenen **Handelsstadt Vineta**

024ud-ab

⌃ *Besser als Leberknödel, Bratwurst und Buletten: Fisch aus Koserow* ⓭

(s. S. 32). Beide tragen bis heute zur Popularität des Bades bei.

Im Laufe seiner Geschichte hatte Koserow mit viel Unbill zu kämpfen. Das einst **ärmliche Fischerdorf** wurde von den Nachwirkungen des Dreißigjährigen Kriegs und der Pest erheblich in Mitleidenschaft gezogen. Der **Badetourismus** entwickelte sich wegen der schlechten Verkehrsanbindung und mangelnden Infrastruktur vor Ort ebenfalls nur verhalten. Doch ab 1911 kam es zu einem sprunghaften Anstieg der Gästezahlen, da das Bad nun mit dem Zug von Berlin aus ohne Umsteigen in nur 4½ Stunden zu erreichen war. Seit Herbst 1993 trägt Koserow stolz den Titel **„Staatlich anerkanntes Seebad"**.

Auch die geografischen Begebenheiten machten dem Örtchen immer wieder zu schaffen. Durch seine exponierte Lage hatte es besonders stark unter Winden, Stürmen und Sturmfluten zu leiden. Der **Streckelsberg** – mit 58 Metern die höchste Erhebung an der Außenküste der Insel – wird, trotz umfassender Uferschutzmaßnahmen, auch heute noch weiter abgetragen. Dennoch soll der sagenumwobene Seeräuber **Klaus**

〉 *Na denn man Tau! – Fischerromantik in den Koserower Salzhütten*

Störtebeker dessen Klippen als Beuteversteck geschätzt haben. Wer den Streckelsberg erklimmt, dem bietet sich von der Kliffkante aus eine **beeindruckende Aussicht.**

Einen weiteren Eindruck vom Ausmaß der in Koserow wirkenden Naturgewalten bekommt man, wenn man die **Sturmschäden** an der Nordseite der von uralten Kastanien umsäumten **Dorfkirche** aus dem 13. Jh. genauer betrachtet. In ihrem Innern steht das **Vineta-Kreuz,** das im 15. Jh. von Fischern unweit der Vinetabank geborgen wurde und aus der sagenumwobenen gleichnamigen Stadt (s. S. 32) stammen soll. Auch der **Glockenturm** auf der nagelneuen **wellenförmigen Seebrücke** erinnert an die untergegangene Handelsstadt. Nachdem die marode alte Seebrücke über Jahre hinweg gesperrt war, sind die Koserower nun mehr als stolz auf das modern geschwungene Herzstück ihres Ortes.

Infos und Reisetipps

› **Kurverwaltung Koserow** <036> Hauptstr. 31, Tel. 038375 20415, https://bernsteinbaeder-usedom.de/koserow/, geöffnet: Juli, Aug. Mo.–Fr. 9–18, Sa., So. 9–13, Mai, Juni, Sept. Mo.–Fr. 9–18, Sa. 9–13, Okt.–April Mo., Mi., Fr. 9–16, Di., Do. 9–18, Sa. 9–12 Uhr

Essen und Trinken

› **Kelch's Fischrestaurant** €€€ <037> Karlstr. 17, Tel. 038375 20458, www.kelchs.de. Das Fisch- und Museumsrestaurant besteht seit 1896 und gehört zweifellos zu den besten Adressen in Koserow. Zusätzlich zu den Fischspezialitäten gibt es Wildgerichte aus eigener Jagd. Wer alle Exponate im Innern bestaunt hat, kann sich den nächsten Museumsbesuch mit gutem Gewissen sparen.

14 Koserower Salzhütten ★★ [D3]

Wo früher in harter Arbeit **Heringe** eingesalzen wurden, flanieren heute Urlauber: Die mit Schilf bedeckten Koserower Salzhütten im **Fachwerkstil** sind ein typisches Beispiel regionalspezifischer Baukunst und wahre Schmuckstücke.

Um 1820 als **Lager- und Packhütten** für die Fischer erbaut, trugen die Salzhütten erheblich zu einer höheren Lebensqualität der Bevölkerung bei. Denn gerade in den Wintermonaten war Hering das Hauptnahrungsmittel für die ärmeren Schichten und hier konnte er erstmals länger haltbar gemacht werden – übrigens unter strenger staatlicher Aufsicht sowie mit staatlich geliefertem und steuerfrei an die Fischer abgegebenem Salz.

111ud-mb

Vineta – Mythos auf dem Ostseegrund

Im Usedom-Urlaub kommt man an Vineta einfach nicht vorbei: Hotels, Straßen, Restaurants, Apotheken, Schiffe – sie alle tragen den Namen der sagenumwobenen Handelsstadt, die vor gut 1000 Jahren vor der Steilküste Koserows 13 im Meer versunken sein soll.

Das multikulturell bevölkerte **Atlantis an der Odermündung** soll von so unvorstellbarem Reichtum gewesen sein, dass selbst die Schlachttiere aus goldenen Trögen fraßen. Man ahnt es bereits – solche Maßlosigkeit musste langfristig von höherer Stelle geahndet werden. Warnungen wie das Auftreten greller Lichtgebilde über der Stadt und eine Unheil verkündende Wasserfrau wurden von den Vinetianern leichtfertig in den Wind geschlagen. Das rächte sich: Während einer verheerenden Sturmflut soll die gesamte Stadt in die Tiefen des Meeres gerissen worden sein. Fortan nährte sich die Legende durch Gerüchte über klingende Glocken und durch die Wasseroberfläche zu erahnende Stadtkonturen am Vinetariff (heute Vinetabank [D3]), wo etliche Schiffe strandeten. Vielen Autoren, darunter auch Größen wie Gerhart Hauptmann und Heinrich Heine, diente sie überdies als literarisches Motiv.

Umfassende archäologische Grabungen auf deutscher wie polnischer Seite legen heute den Schluss nahe, dass es in der Region wirklich eine schwerreiche Handelsstadt gegeben hat – allerdings auf der Insel Wollin. Diese wurde im 12. Jh. jedoch weniger von einer göttlichen Fügung als von einem sehr konkreten Angriff der Dänen heimgesucht und vollständig zerstört. Doch es heißt, dass Vineta alle hundert Jahre plötzlich aus den Fluten der Ostsee auftauche. Wer dann eine Münze zur Hand habe und einem der Händler etwas abkaufe, erlöse die gesamte Stadt von ihrem Schicksal. Vielleicht sollte man deshalb erwägen, für Aufenthalte in Koserow sicherheitshalber etwas Kleingeld einzustecken.

In einer **Anweisung** aus dem Jahre 1860 heißt es: „Zuerst wird der Boden der Tonne mit Salz bestreut, worauf man Fische mit dem Rücken nach unten lagenweise dergestalt verpackt, dass die folgende Lage kreuzweise über die untere zu liegen kommt und jede Lage wieder mit Salz besprengt wird. Doch dürfen die Heringe nicht zu eng aneinander liegen, damit sie sich nicht drücken, noch die Lake gehindert wird, jeden einzelnen Fisch zu benetzen. Ist die Tonne gefüllt, so wartet man, bis die Heringe sich gesetzt haben. Ist die Tonne ganz voll, so kann sie zugeschlagen werden."

Heute kann man in den Salzhütten **Souvenirs und Bücher** erstehen, einen Kaffee trinken oder frisch geräucherten Fisch genießen. Die beiden letzten Berufsfischer des Ortes Koserow servieren so manchen Matjes persönlich.

Paare können sich in einer der Salzhütten sogar das Ja-Wort geben – allerdings wortwörtlich nur im engsten Kreis, denn im **kleinsten Trauzimmer der Insel Usedom** ist die Anzahl der Anwesenden auf maximal acht Personen begrenzt.

› Am Strande 5, www.koserower-salzhuette.de, Tel. 038375 20680, geöffnet: tgl. 10–22 Uhr, Eintritt frei

⑮ Lüttenort ★★★ [D3]

Ein buchstäblich malerisches Anwesen mit moderner Kunstgalerie, Museumsschiff, Skulpturengarten und einem Künstleratelier als Herzstück des Ganzen: Das alles bietet Lüttenort. Nicht nur Kunstbegeisterte werden hier in den Bann des unkonventionellen Malers Otto Niemeyer-Holstein (s. S. 34) gezogen, der die Kunstszene auf Usedom nachhaltig prägte und die Natur der Insel in kräftigen Strichen und Farben auf seiner Leinwand festhielt.

„Wir hatten wenigstens einen Ort, an dem wir den Lütten festtütern konnten“, so lautete die sachliche Bilanz von Niemeyer-Holstein nach dem Erwerb eines kärglichen Stücks Brachland zwischen Koserow ⑬ und Zempin ⑫. Der **„Lütte“**, das war das kleine **Segelschiff**, das ihn und seine Frau Anneliese 1932 nach Usedom brachte. Aus der Brache entwickelte sich mit den Jahren „Lüttenort“: ein höchst kreatives **Wohnensemble mit** angrenzendem **Atelier** und einem **Skulpturengarten**, das heute zweifellos zu den sehenswertesten Besuchermagneten Usedoms zählt.

Ein für 60 Reichsmark in Berlin erworbener **S-Bahn-Waggon** bildet den Kern des malerischen Anwesens am schilfumwachsenen Achterwasser. Hier herrscht trotz der musealen Nutzung auch heute noch eine ganz besondere Atmosphäre, von der man sich lebhaft vorstellen kann, dass sie einem **unangepassten Freigeist** die nötige Inspiration zum täglichen Arbeiten bot. Niemeyer-Holstein setzte die knorrigen Obstbäume in seinem verwunschenen, mit Plastiken und Skulpturen befreundeter Künstler ausgestatteten Garten selbst, denn ursprünglich wollte er einmal Gärtner werden. Zur Malerei verpflichteten ihn erst die am eigenen Leib erlittenen Traumata des Ersten Weltkriegs. Durch den Zweiten Weltkrieg lavierte er sich nur mit viel Mut und Glück. Nie unterwarf er seine Kunst einem politischen System; vorrangige Themen blieben stets die Ostsee und die ihn umgebende Natur.

Einblicke in die bewegte Biografie des Künstlers gibt heute das **Museum Atelier Otto Niemeyer-Holstein**, in dem man auf **Führungen** die unveränderten Wohnräume und das **Atelier „Tabu“** entdecken kann. Dort liegen eingetrocknete Pinsel neben einst sorgfältig gemischten Farbtönen; auf der Staffelei steht noch ein Selbstbildnis, das der Künstler nicht mehr vollenden konnte. In der **Galerie** werden eine Auswahl seiner Werke sowie **Wechselausstellungen** regionaler Künstler gezeigt. Außerdem läuft dort in Endlosschleife ein sehenswerter **Dokumentarfilm** aus den letzten Lebensjahren Niemeyer-Holsteins.

Weiterhin finden Konzerte, Lesungen und Kunstveranstaltungen unter freiem Himmel statt. Besuchern bietet sich zudem die Möglichkeit, im Rahmen von **Workshops** selbst zum Pinsel zu greifen.

› **Museum Atelier Otto Niemeyer-Holstein**, Koserow, http://atelier-otto-niemeyer-holstein.de, 1,5 km von der UBB-Haltestelle Zempin entfernt, geöffnet: Mitte April–Mitte Okt. tgl. 11–17 Uhr, Nov.–März Mi., Do., Sa., So. 11–16 Uhr. Eintritt: Garten 3 €, Galerie und Garten 5 €, erm. 2 €. Geführter Rundgang (Waggon u. Atelier, 12, 14 und 15 Uhr) 6 €, erm. 3 €. Gartenführung (Do. 16 Uhr) 6 €, außerhalb der Saison nur mit Anmeldung. Familienführung „Welche Farbe hat das Meer?“ (Fr. 11 Uhr) 5 € (mit Voranmeldung, höchstens fünf Teilnehmer, geeignet für Kinder von 6 bis 16 Jahren).

Otto Niemeyer-Holstein (1896–1984)

Als Nordlicht blieb ihm das Wasser stets bestimmendes Element: Otto Niemeyer-Holstein, einer der bedeutendsten Maler des deutschen Nachimpressionismus, wählte nicht von ungefähr die schmalste Landenge Usedoms zwischen Ostsee und Achterwasser als Lebensmittelpunkt. Der gebürtige Kieler hatte zwar sein geliebtes Segelboot, den „Lütten", erst per Bahn nach Berlin nachsenden lassen. Doch weder die Großstadt noch die politischen Entwicklungen der frühen 1930er-Jahre sagten ihm zu – seine Bilder galten als „entartete Kunst". So stach der selbsternannte „Käpt'n" in Begleitung seines „Stüermanns", seiner zweiten Frau Anneliese, 1932 mit unbekanntem Ziel in See.

Während der „Lütte" – friedlich festgetaut an einer kärglichen Weide – im ruhigen Achterwasser nahe des frisch angekauften Grundstücks vor sich hin dümpelte, organisierte Niemeyer-Holstein den Transport seines ersten Usedomer Domizils. Der in Berlin günstig erworbene S-Bahn-Waggon wurde bis ins nahe Zempin (12) geliefert und von dort aus mit äußerster Kraftanstrengung bis an seinen Bestimmungsort bugsiert. In den folgenden Jahren wurde er durch stetige Anbauten erweitert und bot damit Platz für den 1937 geborenen Sohn Günther und die ab 1940 in Lüttenort (15) versteckte jüdische Schwiegermutter. Ein enge Freundschaft verband Niemeyer-Holstein mit den Künstlern, die sich in der Abgeschiedenheit des nahe gelegenen Ückeritz (17) ebenso wie er vor den Zeitläufen zurückgezogen hatten; Otto Manigk (1902–72) und Herbert Wegehaupt (1905–59) bildeten mit ihm das Zentrum jener Szene, die später als **„Usedomer Künstlergruppe"** bekannt wurde.

Niemeyer-Holstein war nicht nur in Bezug auf die Naturszenerie, die er sachlich in Pastellfarben festhielt, ein Meister der Improvisation, sondern auch ein mutiger Gestalter des eigenen Schicksals. Während eines Arbeitseinsatzes zum Ausheben des „Ostwalls" versteckte er sich tagelang im frisch gefertigten Sarg eines Tischlers und floh bei Nacht und Nebel zurück nach Lüttenort. Und als er den eingezogenen Fahrdienstleiter am Bahnhof von Trassenheide (7) zwangsweise vertreten musste, setzte er im Oktober 1944 durch Tagträumerei ausgerechnet Hermann Göring – der die V2-Rakete in Peenemünde (1) zu inspizieren gedachte – auf offener Strecke fest. Wie durch ein Wunder blieb dies ohne Konsequenzen. Gegen Kriegsende versteckte sich der Künstler mit seiner Familie, einigen ihm besonders teuren Bildern und dem gesamten Getier auf seinem Segler „Orion" im Achterwasser. Die schnelle Besetzung Usedoms durch die Sowjetarmee war für Lüttenort ein Glücksfall, denn sie verhinderte eine von den Nationalsozialisten geplante Sprengung der Landenge, die das gesamte Anwesen geflutet hätte.

Zu DDR-Zeiten war Niemeyer-Holstein Professor an der Akademie der Künste, eckte aber auch hier durch seine kritische Haltung, etwa zum Prager Frühling, an. Bis ins hohe Alter ging er jeden Morgen kurz vor Sonnenaufgang hinaus zur „Ostsee, meiner großen Geliebten, die mich täglich gefordert und nie enttäuscht hat". Die letzte Ruhe fand der umtriebige Freigeist auf dem Friedhof in Benz (20). Auf seinem treuen „Orion" prangen bis heute die Buchstaben WZRG: „wunschlos, zeitlos, restlos glücklich".

16 Seebad Loddin ★ [D4]

Eine Trilogie perfekter Urlaubsentspannung bieten das ehrwürdige Fischerdörfchen Loddin und seine angrenzenden Ortsteile Kölpinsee und Stubbenfelde. Absolute Ruhe beim Umherschweifen zwischen Mooren und Wiesen, hübsche kleine Strände und Grillpartys am Achterwasser lassen kaum Wünsche offen.

Das kleine Bauern- und Fischerdorf Loddin mit seinen gerade einmal 1000 Einwohnern kann stolz auf eine über 750-jährige Geschichte zurückblicken. Es gehört damit zu den ältesten Siedlungen auf Usedom und wurde erstmals als **„Loddino"** (**„Dorf an der Lachsbucht"**) erwähnt. Auch heute noch prägen der Fischfang und die Nähe zum Achterwasser das kleine Örtchen, in dem eine unvergleichlich **urige Atmosphäre** herrscht.

Bei Spaziergängen durch die üppigen Moore und Wiesen um Loddin lässt sich eine Landzunge mit dem **Naturschutzgebiet Loddiner Höft** umrunden. Sie ragt weit in das Achterwasser hinein und beherbergt – man lese und staune – den **nördlichsten Weinberg Deutschlands.**

Im Vergleich zu dem altehrwürdigen Fischerdorf sind Loddins **Ortsteile Stubbenfelde und Kölpinsee** mit ihren rund 175 bzw. 130 Jahren wahre Jungspunde. Sie sind durch eine **Uferpromenade** verbunden und warten gleichermaßen mit sauberen, feinen **Sandstränden** auf.

Stubbenfelde ist dabei unter Anhängern der Freikörperkultur wie auch vierbeinigen Strandgästen besonders beliebt.

Für leichte Verwirrung kann das Ostseebad **Kölpinsee** sorgen, denn sein Name bezeichnet sowohl einen kleinen Badestrand als auch den unmittelbar hinter der Strandpromenade gelegenen See. Dieser soll nach einer verheerenden Sturmflut entstanden sein, bei der die Ostsee weit über ihre Ufer getreten war.

Ein **Naturlehrpfad** 🍀 rund um den See lässt sich im Rahmen einer kleinen Wanderung (s. Wanderung 3 auf S. 93) erschließen – und wer hier ganz besonders aufmerksam ist, entdeckt sogar die gut versteckte Orchideenwiese im Uferbereich.

Infos und Reisetipps

› **Kurverwaltung Loddin/Kölpinsee** <038> Strandstr. 23, Tel. 038375 22780, https://bernsteinbaeder-usedom.de/loddin/, geöffnet: Juli, Aug. Mo.–Fr. 9–12, 12.30–18, Sa., So. 10–13, Juni, Sept. Mo.–Fr. 9–12, 12.30–18, Sa. 10–13, Okt.–Mai Mo.–Fr. 9–12, 12.30–16 Uhr

Essen und Trinken

› **Fischrestaurant Waterblick** €€€ <039> Am Mühlenberg 5, Tel. 038375 20294, www.waterblick.de, So., Mo. Ruhetag. Eines der beliebtesten Fischrestaurants auf der Insel, das ebenso eine Vielzahl an Fleischgerichten und ein paar vegetarische Alternativen auf der Karte hat. Sehr idyllische Lage mit schöner Sicht auf das Achterwasser.

› **Kikis Bootsverleih** €€ <040> Dorfstr. 23, Tel. 0160 96295138, www.kikis-bootsverleih.de, Do. Ruhetag. Das heimliche Zentrum von Loddin ist viel mehr als nur ein profaner Bootsverleih. Im Restaurant und in kleinen, auf dem Gelände verstreuten Holzbuden werden leckere Gerichte – hauptsächlich Fisch in allen Variationen – serviert. Besonders beliebt sind die Grillabende mit Livemusik, zu denen es im beschaulichen Loddin durchaus voll werden kann (aktuelle Termine bitte der Website entnehmen).

Einkaufen

- **Waterblick Hausladen im Fischrestaurant Waterblick** (s. S. 35). Im Untergeschoss des Fischrestaurants kann man Delikatessen der Hausmarke „Anna & Paul aus Pommern" erstehen. Neben Honig, Süßwaren, Kräuterölen etc. führt der urige Hausladen auch Spirituosen, Bücher und Dekoartikel.

17 Seebad Ückeritz ★ [E5]

Ein kleiner, von Wäldern umsäumter Sandstrand, liebevoll restaurierte Fischerkaten und eindrucksvolle Sonnenuntergänge über dem Achterwasser: Ückeritz ist unaufregend schön und gleichzeitig erstaunlich vielseitig. Camper sind hier traditionell ganz besonders willkommen.

Ückeritz, das südlichste der Bernsteinbäder, hat sich in positivem Sinne bis heute seine Ursprünglichkeit bewahrt. Zwar verfügt es über einen durchaus attraktiven Sandstrand mit Flachuferzonen und Steilküste, der zudem von schattigen Mischwäldern umgeben ist. Sein **historischer Ortskern** öffnet sich jedoch, genau wie der Ückeritzer Hafen, zum Achterwasser hin. Dort säumen schmucke kleine **Fischerkaten** und großzügige Bauernhäuser die Straßen.

Der **Bädertourismus** verhalf dem von Fischern und Bauern geprägten Örtchen seit Ende des 19. Jh. zu einem verhaltenen Aufschwung. Von da an wussten nicht nur Badegäste die Abgeschiedenheit des Seebades zu schätzen: Seit den 1930er-Jahren beherbergt das sehenswerte Villenviertel in der Ückeritzer Waldstraße eine ganze **Kolonie an Kunstschaffenden.** Fernab des politischen Alltags und der Ächtung „entarteter Kunst" in den Museen der Metropolen fanden sie in Ückeritz ein stilles Refugium. Noch heute leben mit Oskar Manigk und Matthias Wegehaupt Nachfahren der damaligen Künstler im Ort.

Auch der vergleichsweise profane Campingtourismus prägte die kleine Gemeinde nachhaltig. Zu DDR-Zeiten galt das Campinggelände zwischen Ückeritz und Bansin 33, das bis zu 20.000 Urlauber beherbergen konnte, als der **größte Campingplatz Europas.** Bis heute steht die „Camping-City" des **Naturcampingplatz „Am Strand"** (s. S. 128) mit Geschäften, Kino, Cafés und Restaurants in unmittelbarer Strandnähe in dieser Tradition.

Doch auch das Achterwasser kann mit einigen Attraktionen aufwarten: Neben dem **Sportboothafen** und einer **Surfschule** (s. Windsport Usedom, S. 99) sind es vor allem die **spektakulären Sonnenuntergänge,** die spätestens gegen Abend Erholungssuchende in den historischen Ortskern von Ückeritz locken. Das Eintauchen der Sonne in das Achterwasser bei einem Drink im **Café Knatter** (s. u.) zu genießen, ist auf Usedom schon lange kein Geheimtipp mehr.

Infos und Reisetipps

- **Kurverwaltung Ückeritz** <041> Bäderstr. 5, Tel. 038375 2520, https://bernsteinbaeder-usedom.de/ueckeritz/, geöffnet: Juli, Aug. Mo.–Fr. 9–18, Sa., So. 9–12, Juni, Sept. Mo.–Fr. 9–18, Sa. 9–12, Okt.–Mai Mo.–Fr. 9–16 Uhr

Essen und Trinken

- **Café Knatter** €€ <042> Hauptstr. 36, Tel. 038375 22966, www.cafe-knatter.de, geöffnet: tgl. ab 14 Uhr. Das nette Restaurant-Café am Ückeritzer Achterwasser gehört zu einer Segel-, Surf- und Kiteschule (Windsport Usedom, s. S. 99).

Hervorragende Fisch- und Fleischgerichte sowie Pasta. Die Cocktails schmecken auf der geräumigen Außenterrasse bei Sonnenuntergang besonders gut.

› **Deutsches Haus Ückeritz** €€ <043> Nebenstr. 1, Tel. 038375 20940, www.deutsches-haus-ueckeritz.de, Mo., Di. Ruhetag. Um Reservierung wird gebeten. Das Dorfgasthaus bildet schon seit über 200 Jahren das Zentrum von Ückeritz und bietet einen bunten Streifzug durch die bäuerliche und bürgerliche Esskultur Mecklenburg-Vorpommerns.

Strände der Bernsteinbäder

An den Stränden der Bernsteinbäder bieten sich Urlaubern besonders pittoreske Fotomotive, denn hier kann man die **Fischer** noch bei ihrer täglichen Arbeit beobachten. Wenn nicht gerade in den frühen Morgenstunden die Netze ausgeworfen werden, liegen die bunten kleinen Fischerboote direkt am Strand. Dessen durchgängig **feinkörniger Sand** gehört unzweifelhaft zu den Hauptattraktionen der familienfreundlichen Bernsteinbäder. Besonders ruhig und entspannt gestaltet sich das Baden in **Zempin** 12. Schon merklich quirliger wird es am Strand von **Koserow** 13, der außerdem mit einer beeindruckenden **Steilküste** aufwarten kann. Die schmaleren Sandstrände von **Kölpinsee und Stubbenfelde** (s. Seebad Loddin 16) sowie **Ückeritz** 17 werden dagegen hauptsächlich von Stammgästen besucht.

Anhänger des **FKK-Badens** tummeln sich gern auf den Strandabschnitten zwischen Koserow und Zempin sowie zwischen Ückeritz und Bansin 33, aber auch in Kölpinsee. **Hunde** finden an mehreren ausgewiesenen Stellen Platz zum Toben; besonders schön ist der kleine Hundestrand von Stubbenfelde.

In der Hochsaison sind die nicht sehr zahlreichen **Parkplätze in Strandnähe** heiß begehrt. Die meisten Stellplätze gibt es auf dem großen, gebührenpflichtigen Strandparkplatz in Ückeritz.

025ud-ab

Ückeritz ist ein ruhiges Familienbad für Groß und Klein

Achterland

Hübsch restaurierte Schlösser, die verschlafene Stadt Usedom und drum herum äußerst üppige, wie unberührt wirkende Landschaften: Das Achterland ist vielfältig, ursprünglich und eine Oase der Ruhe. Am besten lässt es sich mit dem Rad erkunden (s. Radtour 2, S. 96). Dabei machen gerade versteckte Kleinode wie beschauliche Badestellen, alte Dorfkirchen und idyllische Häfen den besonderen Reiz dieses Inselabschnitts aus. Der Preis dieser Abgeschiedenheit ist allerdings eine stark verknappte Infrastruktur mit eingeschränkten Einkaufsmöglichkeiten – doch wer umsichtig plant, kann sich im Achterland wunderbar von der Welt zurückziehen.

026ud-ab

Für viele ein Muss: Muscheln sammeln am Strand

18 Forstamt Neu Pudagla ★ [E5]

Auf einem einsam gelegenen **Forsthof im Wald** südlich von Ückeritz 17 finden Besucher ein Ensemble aus Amtsgebäude, Stall, Scheune und Backstube aus der Mitte des 19. Jh. An diesem idyllischen Ort informieren Usedomer Förster über Pflanzen und Tiere des heimischen Waldes.

Im **Waldkabinett** in der ehemaligen Scheune wurde eine liebevolle **Ausstellung** zusammengestellt, die von Fledermäusen und Raubtieren, Pilzen und Baumarten auf der Insel erzählt. Ein **Imbiss** lädt von April bis Dezember zur Einkehr ein.

Zum Forstamt Neu Pudagla gehört auch ein **Gesteinsgarten.** Weit über 100 **Findlinge** sind rechts und links des Wegs aufgereiht. Als sich vor ca. 13.000 Jahren die Eiszeitgletscher aus Vorpommern zurückzogen, hinterließen sie Steine aus ganz Skandinavien – der älteste von ihnen soll über 2 Mrd. Jahre alt sein.

Unerschrockene finden gleich neben dem Forstamt einen **Kletterwald,** wo man hoch in den Baumkronen von Wipfel zu Wipfel kraxeln kann.

› **Anfahrt:** UBB bis Haltestelle „Neu Pudagla“

› www.wald-mv.de/landesforst-mv/struktur-und-organisation/forstaemter/neu-pudagla, geöffnet: Nov.–Febr. Mo.–Fr. 9–15, März–Okt. Mo.–Sa. 9–17 Uhr, Eintritt frei. Der Gesteinsgarten ist rund um die Uhr zugänglich.

› **Kletterwald Usedom**, am Forstamt Neu Pudagla, www.kletterwald-usedom.de, geöffnet: April–Juni und Sept. Di.–So. 10–18 Uhr, Juli, Aug. tgl. 10–19 Uhr, Okt. Di.–So. 10–17 Uhr. Auf unterschiedlich schwierigen Parcours klettert, schwebt und fliegt man in teils schwindelerregender Höhe von Baum zu Baum.

027ud-mb

⑲ Schloss Pudagla ★ [E5]

In Pudagla steht zwischen Schmollensee und Achterwasser ein Schloss, das von außen wenig majestätisch anmutet. Es gleicht eher einer tristen Mietskaserne – und dient tatsächlich auch in weiten Teilen als Wohnhaus. Doch der Berliner **Jazz-Gitarrist Charlie Eitner** arbeitet daran, Schloss Pudagla in einen kulturellen Hotspot des Achterlands zu verwandeln. In den großen, mit Kreuzgewölben versehenen Kellern organisiert er **(Jazz-)Konzerte, Lesungen und**

Gesteinsgarten des Forstamts Neu Pudagla: das Tor zu zwei Milliarden Jahren Erdgeschichte

Die Bernsteinhexe – ein Usedomer Kultroman

Die dramatische Geschichte einer unbescholtenen Pfarrerstochter, die buchstäblich in letzter Sekunde vor dem qualvollen Tod auf dem Scheiterhaufen bewahrt wird, verhalf dem Theologen **Johannes Wilhelm Meinhold** (1797–1851) zu einem unverhofften Verkaufserfolg. **„Maria Schweidler, die Bernsteinhexe"** lautet der Titel seines 1843 publizierten Romans, der das Leid der Usedomer Bevölkerung während des Dreißigjährigen Kriegs beschreibt. Meinholds Behauptung, er habe eine Chronik dieser Zeit im Chorgestühl der Koserower Kirche entdeckt und als Vorlage verwendet, wurde allerdings schnell widerlegt – die Handlung ist pure Fiktion.

Maria, die junge Tochter des Pfarrers, scheint erst regelrecht vom Glück verfolgt zu sein: Sie entdeckt am Streckelsberg einen großen Bernstein und kann durch den Handel mit dem fossilen Gold Brot für die hungernde Bevölkerung kaufen. Als sie jedoch das Werben eines höhergestellten Verehrers abwehrt, überzeugt dieser in seiner Wut die Dorfbewohner davon, dass der plötzliche Reichtum des Mädchens nur auf seine Hexenkünste zurückzuführen sei. Während der rechtschaffenen Maria im August 1630 im Schloss Pudagla ⑲ der Prozess gemacht und sie bereits zum Scheiterhaufen geführt wird, taucht wie aus dem Nichts Graf Rüdiger von Neuenkirchen auf. Er rettet Maria vor dem Feuertod und nimmt sie zur Frau.

Auch fernab von Usedom war „Die Bernsteinhexe" äußerst beliebt: Sie gehörte als „Amber Witch" zur Lieblingslektüre des jungen Oscar Wilde und wurde in vielen Theaterhäusern Deutschlands inszeniert.

Ausstellungen (Programm s. Website). Und er betreibt das **Café „Die Bernsteinhexe"** als Hommage an Maria Schweidler, welcher in Wilhelm Meinholds gleichnamigem Roman in besagtem Schlosskeller der Prozess gemacht wurde (s. S. 39).

Schloss Pudagla wurde 1574 als **Witwensitz** für die Herzogin Maria von Sachsen (1515–83) errichtet. Daran erinnert noch das Greifenwappen der pommerschen Herzöge über dem Portal. Zuvor befand sich an gleicher Stelle ein **Prämonstratenserkloster**, das – auch dank mancher Urkundenfälschung – über einen erheblichen Grundbesitz auf Usedom verfügte. Nachdem im Herzogtum Pommern die Einführung der Reformation beschlossen worden war, ging das Kloster 1535 in die Hände herzoglicher Beamter über und war lange Zeit Sitz unterschiedlicher Behörden.

› Schloßstr. 8, Pudagla,

› **Café „Die Bernsteinhexe"**, im Schloss Pugadla, während der Saison Mi.–So. 12–18 Uhr und nach Vereinbarung. In den historischen Gemäuern des Schlosses werden Kaffee und frischer Kuchen serviert – und mit etwas Glück wird auch noch die Geschichte der Bernsteinhexe aufgetischt.

20 Benz ★★ [E6]

Das kleine **300-Einwohner-Dorf** bildet das Herz der **Usedomer Schweiz**, einer hügeligen Landschaft im Hinterland der Kaiserbäder. Ein paar alte Gehöfte stehen noch dort, einige Häuser sind reetgedeckt, die meisten erstrahlen aber in modernem Antlitz. Sehenswert sind vor allem die aus dicken Feldsteinen errichtete **St.-Petri-Kirche** 21 im Zentrum des Dorfes und die **Holländerwindmühle** 22 auf dem Mühlenberg. Beide Bauten haben große Künstler angelockt und die beschauliche Gemeinde weit über Usedom hinaus bekannt gemacht.

Etwa einen Kilometer südlich von Benz erhebt sich der **Kückelsberg**, mit 58 Metern immerhin der dritthöchste Hügel auf der Insel. Vom dortigen **Aussichtsturm** eröffnet sich ein weiter Blick auf die Ortschaft Benz, die umliegenden Seen, das Achterwasser und das **Niedermoorgebiet Thurbruch**.

21 St.-Petri-Kirche ★ [E6]

Eine **Urkunde** aus dem Jahr 1229 gilt als ältestes Zeugnis der Ortschaft Benz 20. In ihr wird auch eine St.-Petri-Kirche erwähnt, von der heute allerdings keine Überreste mehr sichtbar sind. An der heutigen Kirche von Benz lassen sich jedoch **Mauerreste** eines um 1300 errichteten Gotteshauses finden, die die zahlreichen Umbauten der St.-Petri-Kirche überstanden haben. Nachdem die Kirche infolge der Wirren des Dreißigjährigen Kriegs als Pferdestall genutzt wurde, musste sie grundlegend renoviert werden. Im 18. Jh. wurde der **Kirchturm** errichtet, im 19. Jh. ein hölzernes, blau bemaltes **Tonnengewölbe** eingezogen und eine Orgel eingebaut.

In dieser Gestalt gelangte die St.-Petri-Kirche durch **Lyonel Feininger** (s. S. 42) zu Bekanntheit. Der deutsch-amerikanische Maler fand in ihr ein Motiv, das ihn bis an sein Lebensende inspirierte und das er in zahlreichen Zeichnungen, Ölgemälden und Aquarellen verewigte. So gab der weltberühmte Bauhauskünstler auch der von ihm so geliebten Insel etwas zurück: Bis heute erfreuen in kräftigen Formen und Farben porträtierte Usedom-Ansichten die Augen von Kunstliebhabern auf der ganzen Welt.

100ud-ab

Zu einem **kulturellen Zentrum** auf Usedom wurde die Benzer Kirche unter Pastor Martin Bartels. Er rief 1969 den **Benzer Kirchensommer** (s. S. 103) ins Leben, eine Reihe von Liederabenden, klassischen Konzerten und Lesungen. Gegen alle Widerstände gelang es ihm, in den 1980er-Jahren auch westdeutsche Künstler nach Usedom zu locken. Dem Schriftsteller Hans Werner Richter und dem Liedermacher Konstantin Wecker verhalf er zu ihren ersten öffentlichen Auftritten in der DDR. Bis heute lockt der Kirchensommer jeden Sommer Kulturinteressierte in die St.-Petri-Kirche.

› Kirchstr./Ecke Fritz-Behn-Str., www.kirche-benz.de

Essen und Trinken

› **Hofcafé Tante Wally** <044> Schulstr. 21, Neppermin, Tel. 038379 18440. Sehr schönes Gartencafé mit sommerlich-leichtem Schlemmerangebot, einer umfangreichen Eiskarte, Kaffee und Kuchen.

› **Kaffeegarten Alte Feuerwehr** <045> Kirchstr. 16, Benz, Tel. 038379 289880, www.kaffeegarten-altefeuerwehr.de. Direkt neben der Kirche werden im Garten allerlei hausgemachte Köstlichkeiten von süß bis herzhaft angeboten.

22 Holländerwindmühle ★ [E6]

Auf dem **Mühlenberg** am Rande des Dorfes steht eine alte Holländerwindmühle. Sie wurde vermutlich in den 1820er-Jahren errichtet und bis zum Tod des letzten Müllers 1972 betrieben. Um 1920 wurde die Mühle allerdings auf elektrischen Betrieb umgestellt und die Mühlenflügel wurden demontiert. Der Usedomer Maler **Otto Niemeyer-Holstein** (s. S. 34) kaufte sie der Müllerswitwe ab, rettete die Anlage vor dem Verfall und verfügte, dass sie der Öffentlichkeit als **Kulturmühle** erhalten bleiben solle.

Aus diesem Grunde lässt sich das Technikdenkmal heute besichtigen.

Der Aufstieg zum Wahrzeichen des Dörfchens Benz lohnt unbedingt

Im Keller – ursprünglich die Kornkammer – informiert eine kleine **Ausstellung** über Geschichte und Funktionsweise der Windmühle. **Führungen** sind nach Voranmeldungen möglich. Neben der Mühle wurde aus alten Ziegeln und Dachsteinen ein **Backhaus** errichtet, wo Gäste mit kalten Getränken, Kaffee und Blechkuchen bewirtet werden.

Am Fuße des Mühlenbergs erstreckt sich der **Dorffriedhof,** auf dem Otto Niemeyer-Holstein seine letzte Ruhe gefunden hat. Die Skulptur eines Jünglings kennzeichnet die Grabstätte des Malers und seiner Frau.

› Mühlenweg, www.muehle-benz.de, geöffnet: April–Okt. Di.–Sa. 10–17 Uhr, Eintritt: 3 €, erm. 1,50 €

23 Wasserschloss Mellenthin ★ [D6]

Der graue Putz am **Herrenhaus** in Mellenthin bröckelt. Seinen Charme aber verliert der Gutssitz dadurch nicht. Denn der äußerlich wenig herrschaftlich anmutende **Renaissancebau** hat sich dank seines umtriebigen Schlossherrn zu einem Touristenmagnet im Achterland gemausert. Hinter den alten Mauern betreibt dieser ein **Restaurant** und ein **Wellnesshotel,** außerdem röstet er Kaffee und braut sein eigenes Bier. **Von innen besichtigen** lässt sich das Gebäude **leider nicht.**

Zu einem richtigen Schloss wird ein Gutssitz indes erst, wenn es von Sagen umwoben wird. Eine von ihnen er-

Lyonel Feininger (1871–1956)

Weißes Hemd, Krawatte, Mütze, die Hosen knielang, die Socken ebenso, dazu blank polierte schwarze Schuhe: In diesem Aufzug fuhr der junge deutsch-amerikanische Maler, Grafiker und Karikaturist Lyonel Feininger mit dem Rennrad über Usedom. Stift und Skizzenblock hatte er immer mit dabei. Viele Sommer verbrachte er auf der Insel und fertigte Skizzen und Bilder von zahlreichen Orten an. Allein 70 Werke schuf er im Laufe seines Lebens von der St.-Petri-Kirche 21 in Benz 20. So verewigte er die Usedomer Provinz in der Weltkunst.

Zu dieser Zeit, also in den Sommern von 1908 bis 1918, zählte Feininger allerdings noch nicht zu den bedeutenden Künstlern der Klassischen Moderne. Erst nach dem Ersten Weltkrieg nahm seine Karriere an Fahrt auf. Er wurde an das neu gegründete Staatliche Bauhaus nach Weimar berufen und folgte später Walter Gropius, dem Gründer der Kunstschule, nach Dessau. Mit der Zeit perfektionierte Feininger das Spiel mit Flächen, Formen und Farben. Die Motive seiner Bilder aber – Kirchen, Segler oder Dorfansichten – blieben trotz der hohen Abstraktion stets erkennbar.

Nach der Machtergreifung der Nationalsozialisten wurde das Bauhaus geschlossen und Feiningers Werke wurden als „entartete Kunst“ diffamiert. Seine Schaffenskraft litt darunter erheblich. Daraufhin beschloss er, zurück nach New York zu ziehen – in jene Stadt, aus der er als 16-Jähriger aufgebrochen war, um in der Heimat seiner Eltern zu studieren. Die Sehnsucht nach Deutschland aber blieb: „Pommern und die Ostsee waren für mein ganzes Schaffen mitbestimmend und ich zehre noch jetzt von den Erlebnissen, die ich dort hatte. Hier [in New York] gibt es nichts, was damit zu vergleichen wäre.“

zählt von der Liebe des Ritters **Rüdiger von Neuenkirchen** (1531–1594), der das Schloss zwischen 1575 und 1580 in Mellenthin errichten ließ. Er soll eine Nonne aus dem benachbarten **Kloster Pudagla** geliebt haben. Weil er dieser weder im Guten noch mit Gewalt habhaft werden konnte, heißt es, er habe einen unterirdischen Gang von seinem Schloss zum Kloster gegraben und die Nonne entführt. Nach der Vermählung sollen die beiden noch viele vergnügliche Jahre miteinander verlebt haben.

Die Geschichte hat allerdings einen Haken: Das Kloster in Pudagla war ein reines Männerkloster und wurde im Zuge der Reformation bereits 1535 aufgelöst. An gleicher Stelle ließ allerdings **Herzog Ernst Ludwig von Pommern** (1545–92) später einen Witwensitz für seine Mutter bauen. Vielleicht liegt ja dort der wahre Kern der Sage begründet.

› Schlossallee 5, www.wasserschloss-mellenthin.de, geöffnet: tgl. 12–22 Uhr, Eintritt: 2 € („Brückenzoll", wird mit dem Essen verrechnet)

24 Dorfkirche Morgenitz ★★★ [D6]

Unter den vielen schmucken Kirchen auf der Insel Usedom ist die Dorfkirche Morgenitz eine ganz besondere Schönheit: Das kleine Gotteshaus aus rotem Backstein glänzt mit mittelalterlichen Raritäten und liegt geradezu verwunschen am Ende der Töpferstraße. Mindestens ebenso sehenswert ist der angrenzende Friedhof mit seinen schmiedeeisernen Grabkreuzen und dem knorrigen Baumbestand, welcher den Ort selbst im Hochsommer angenehm in Schatten taucht.

Selbst im beschaulichen Achterland bildet das **wenig touristische Dörfchen Morgenitz** mit seinen schmucken Bauernhäusern einen deutlichen Ruhepol. Einzige Sehenswürdigkeit ist die Morgenitzer **Dorfkirche** aus dem 15. Jh., ein turmloser **Backsteinbau** mit hohem Satteldach. Zwar wurde das Kircheninnere nach einem Einsturz des Ostgiebels 1764 im Barockstil umgestaltet, doch der spätgotische Westgiebel gilt bis heute als wichtigstes Zeugnis mittelalterlicher Baukunst auf der Insel. Was den Morgenitzern ihr Gotteshaus bedeutet, beweisen der erfolgreiche Protest gegen die geplante Aufgabe der Kirche in den 1960er-Jahren sowie die jüngste Renovierung 1977, deren Kosten die Gemeinde vollständig aus eigener Tasche bestritt.

Im Außenbereich ist die Kirche umsäumt von **Mahlsteinen** aus der Bronzezeit und Steinen aus **Hünengräbern**, die Dorfpfarrer Hörstel einst vor der Zerstörung bewahrte. Neben dem schilfbedeckten Glockenturm steht ein Findling, der an die Gefallenen des Ersten Weltkriegs erinnert. Ein besonderes Kleinod ist der **Friedhof** auf der anderen Straßenseite, dessen eiserne Grabkreuze, heute kunsthandwerkliche Raritäten, im 19. Jh. in den Gießhütten von Swinemünde (s. S. 65) und Ückeritz 17 angefertigt wurden. Schatten spenden geduckte **Maulbeerbäume**, die an den gescheiterten Versuch Friedrichs II. erinnern, hier eine Seidenraupenzucht zu etablieren – was jedoch am rauen Inselklima scheiterte.

› Töpferstr., geöffnet: tgl. 10–18 Uhr

Essen und Trinken

› **Bauernstube Morgenitz** €€ <046> Dewichower Str. 5, Tel. 038372 70924, www.bauernstube-morgenitz.de. In rustikalem Ambiente werden in der Bauernstube im idyllischen Morgenitz hauptsächlich

029ud-ab

Fischspezialitäten serviert. Die Preise sind fair und die Gerichte aus Urgroßmutters Küche reichhaltig und frisch.

› **Zur Alten Fischräucherei** €€ <047> Am Hafen 1, Rankwitz, Tel. 038372 70521, www.hafen-rankwitz.de (unter „Fischgaststätte"). Das idyllisch im Rankwitzer Hafen gelegene Fischrestaurant befindet sich außerhalb von Morgenitz. Es wird als Familienbetrieb geführt und ist – neben seiner wirklich vorzüglichen Küche – für eine phänomenale Aussicht auf das stille Wasser des Peenestroms bekannt.

Einkaufen

› **Keramikwerkstatt Dannegger** <048> Töpferstraße 8, Tel. 038372 70910, www.astriddannegger.de, geöffnet: nach Absprache. Die Keramikwerkstatt Dannegger hat sich durch ihre wunderschöne Gebrauchskeramik weit über die Grenzen Usedoms hinaus einen Ruf gemacht. Am letzten Juli-Wochenende findet jährlich ein großer Töpfermarkt mit Ausstellern aus ganz Deutschland statt.

25 Lieper Winkel ★ [C5]

Erholsam, erholsamer, Lieper Winkel: Wohl nirgendwo auf Usedom findet man eine solche Abgeschiedenheit und Ursprünglichkeit vor wie auf dieser Halbinsel zwischen Achterwasser und Peenestrom. Fünf Dörfer sind hier wie Blütenblätter um das in ihrem Zentrum liegende Liepe gruppiert: Rankwitz, Quilitz, Warthe, Grüssow und Reestow. Die überschaubare Anzahl an Sehenswürdigkeiten gleicht die Region mühelos durch üppigste Naturlandschaften aus.

Dass der Lieper Winkel erst Ende des 19. Jh. von der Landseite her erschlossen wurde, spürt man immer noch. Diese isolierte Lage führte dazu, dass man heute noch wunderbar mit dem Rad oder zu Fuß eine eigene kleine Welt aus unberührter Natur entdecken kann. Idyllische kleine **Dörfer** mit **Verkaufstischchen** voller selbst gemachter Marmeladen und Liköre, Eier, Obst und Gemüse, Gartenpflanzen und Strickwaren gibt es hier sprichwörtlich an jeder Ecke. Leibhaftige Verkäufer sucht man dagegen vergeblich: **„Kassen des Vertrauens"** regeln die Finanzen.

Die einzige Straße, die zum Lieper Winkel führt, ist eine **wunderschöne Allee** mit **uraltem Baumbestand.** Eine mächtiges Naturdenkmal bietet sich beim Passieren des Ortsausgangs von Suckow: die **Suckower Eiche,** deren Krone einen Durchmesser von stolzen 30 Metern hat. Sie wurde bereits 1298 als Grenzmarkierung erwähnt und spendet von einem bronzezeitlichen Grabhügel hinab auch

Farbenfroher Landhausstil im Lieper Winkel

heute noch zuverlässig Schatten für Picknickfreunde. Von hier aus ist es nicht mehr weit bis zum friedlichen **Hafen von Rankwitz** [C6]. Nur ein paar Schiffe dümpeln dort im Hafenbecken und der fangfrische Fisch sowie die Sonnenuntergänge über dem Peenestrom sind gleichermaßen ein Traum.

Tief in die Geschichte eintauchen kann man im **Heimathof Lieper Winkel**, der einen Einblick in die harten Lebens- und Arbeitsbedingungen der Menschen dieser Region bietet. Hier wird bei der Pflege alter Handarbeitstechniken wie Spinnen, Weben, Häkeln und Stricken noch die traditionelle Tracht getragen – und selbstverständlich **Platt gesnackt.**

Vom nahe gelegenen **Jungfernberg** aus kann man den Blick herrlich über die reizvolle Landschaft des Lieper Winkels schweifen lassen. Die Legende besagt, dass einige äußerst lebenslustige Jungfrauen das Partyleben auf diesem Hügel wohl etwas übertrieben haben – weshalb sich dieser auftat und sie verschlang. Ihr Protestgeschrei soll bis heute zu hören sein.

Im zentral gelegenen Liepe schließlich fand die **St.-Johannes-Kirche** als **erste Kirche Usedoms** schriftliche Erwähnung. Zwar ist diese nicht mehr erhalten, doch ihr Nachfolger, ein turmloser gotischer Backsteinbau, stammt immerhin aus dem 15. Jh. und wird heute als **Veranstaltungsort** für zahlreiche Kulturevents genutzt (Infos s. Website).

› **Heimathof Lieper Winkel** <049> Dorfstr. 1, Rankwitz, Tel. 038372 76154, www.heimathof-lieper-winkel.de, geöffnet: Mai–Okt. Mo., Mi. 10–16, Sa. 10–13 Uhr, Eintritt frei (Spende erbeten)

› **St.-Johannes-Kirche** <050> Triftstr. 5, www.dorfkirchen-am-lieper-winkel.de

115ud-mb

26 Stadt Usedom ★ [C7]

Usedom auf Usedom: Es ist nur unschwer zu erraten, dass die älteste Stadt der Insel ihr einst den Namen gab. Vom slawischen Wort „Uznam" abgeleitet, bedeutete dieser so viel wie „Mündung" oder „Strom". Schlendert man heute durch das eher verschlafene Örtchen mit seinem mittelalterlichen Ortskern, scheint es kaum vorstellbar, dass Usedom einmal von erheblicher historischer Bedeutung sowie wirtschaftlicher Dreh- und Angelpunkt der Insel war.

Seitdem der Stadt im 13. Jh. das **Lübische Stadtrecht** verliehen wurde, entwickelte sie sich schnell zu einem wichtigen überregionalen Zentrum für Handel und Handwerk. Auch als Herzogssitz, Klosterort und zeitweiliger Bischofssitz kam der Stadt Usedom eine hohe Bedeutung zu. Ihr Zentrum ist bis heute der **Marktplatz** mit dem **Rathaus** aus dem 18. Jh. und einer

„Alt wie ein Baum": weit über 700 Jahre zählt die Suckower Eiche

Vielzahl reich verzierter, geduckter Häuschen sowie vereinzelten Cafés und Geschäften.

Ausgesprochen sehenswert ist das **Anklamer Tor,** ein spätgotischer Backsteinbau aus dem Jahr 1450. Es ist das einzige noch erhaltene der ursprünglich drei Stadttore und zugleich das älteste Bauwerk der Stadt. Im 18. und 19. Jh. saßen hier noch Straftäter ein. Seit Mitte der 1960er-Jahre beherbergt das Anklamer Tor die **Heimatstube** der Stadt Usedom, wo man sich in einer kleinen **Ausstellung** über die Geschichte des Ortes informieren kann.

Die spätgotische **St. Marienkirche** aus dem 14. Jh. dominiert die Silhouette der Stadt Usedom. Ihr direkt gegenüber liegt das Pfarrhaus, ein Baudenkmal im Fachwerkstil. Weiter ist der **Schlossberg** zu besichtigen, der ehemalige Standort einer slawischen Burganlage. Ein fünf Meter hohes Granitkreuz erinnert dort an die Christianisierung des slawischen Adels im Jahr 1128.

Der ambitionierte Umbau des ehemaligen Naturhafens zum **Usedomer-See-Zentrum** ist nach dreijähriger Bauzeit abgeschlossen und soll den Tourismus vor Ort ankurbeln. Entstanden sind Schiffsanleger, eine Pontonbrücke, Sportbootliegeplätze und ein Kinderspielplatz mit maritimem Flair. Ein Restaurant und Gewerbeeinheiten sollen folgen.

Im ehemaligen **Bahnhofsgebäude** der Stadt, das bis zur Sprengung der Karniner Brücke 27 im April 1945 an der rege genutzten Bahnstrecke Ducherow – Swinemünde (Świnoujście) lag, befindet sich heute das **Klaus-Bahlsen-Haus** mit dem **Besucherinformationszentrum** des **Naturparks Insel Usedom** und der **Stadtinformation.** Die dortige **Dauerausstellung** vermittelt einen ersten Eindruck von der Flora und Fauna auf Usedom.

Ganz in der Nähe liegt auch das Gelände der **Traktorenwelt Usedom.**

› **Anklamer Tor** <051> Anklamer Str., geöffnet: Mai–Sept. Di.–Fr. 10–17, Sa., So. 13–17 Uhr, Okt.–April Mi.–Fr. 11–15.30, So. 13–15.30 Uhr, Eintritt: 2,50 €

› **Traktorenwelt Usedom** <052> Stolper Str. 1d, www.traktoren-welt-usedom.de, Mi.–So. 11–16 Uhr, Eintritt: 5 €, erm. 2 €. Das von einem Verein betriebene Museum ermöglicht einen Streifzug durch die 100-jährige Geschichte des Traktors. Jeden Sommer finden ein Schleppertreffen und ein Dreschfest mit Heuballenweitwurf und Kinderflohmarkt statt. Nach Absprache können Trecker-Ausfahrten ins Umland organisiert werden.

032ud-ab

Steffen Schultze beim Wenden der Laibe in der Inselkäserei

Infos und Reisetipps

› **Klaus-Bahlsen-Haus mit Stadtinformation Usedom und Informationszentrum Naturpark** <053> Bäderstr. 5, www.stadtinfo-usedom.de (unter „Stadtinformation"), Tel. 038372 70890, geöffnet: Mitte Juli–Mitte Aug. Mo., Di., Do., Fr. 10–18, Mi. 10–16, Sa. 10–13, Juni–Mitte Juli u. Mitte Aug.–Mitte Sept. Mo., Di., Do., Fr. 10–17, Mi. 10–16, Sa. 10–12, Mitte–Ende Sept. Mo.–Fr. 10–16, Okt.–Mai Mo.–Fr. 10–15 Uhr

Essen und Trinken

› **Inselmühle Usedom Manufaktur** <054> Bäderstraße 9, www.inselmuehle-usedom.de. Das üppige Frühstück „Achterland Vielfalt" ist der perfekte Start ins Usedom-Abenteuer! Von Snacks bis Schnitzel hat die Speisekarte des Cafés auch sonst einiges zu bieten. Die erst kürzlich eröffnete Naturmanufaktur führt regionale Spezialitäten wie Säfte, Öle, Likör und Pommern-Senf – und das, wie der Name schon sagt, ohne Zusatz von Konservierungsstoffen oder Aromen.

Einkaufen

› **Inselkäserei Usedom** <055> Welzin 30, Welzin, www.inselkaese.de, geöffnet: Mo.–Sa. 10–16, So. 13–16, im Sommer jeweils bis 18 Uhr. Auf einem abgelegenen Gehöft im Weiler Welzin, der gut fünf Kilometer von der Stadt Usedom entfernt liegt, stellt der leidenschaftliche Käser Steffen Schultze seine Bio-Produkte her. Mit etwas Glück kann man ihm beim Wenden und Pflegen der Käselaibe zusehen. Ein kleiner Hofladen und ein Mini-Café runden das Angebot ab.

27 Hubbrücke Karnin ★ [B8]

Ein **eigentümlicher Stahlkoloss** mitten im **Strom der Peene** ist das Wahrzeichen des 80-Seelen-Dorfes Karnin. Es handelt sich um die Überreste der Eisenbahnhubbrücke, über die einst täglich mehrere **Direktzüge aus Berlin** in die Kaiserbäder ratterten. Wie bei einem Fahrstuhl konnten die beiden mittleren Gleise in nur zwei Minuten angehoben werden, um den Schiffsverkehr passieren zu lassen.

Doch Ende April 1945 wurde die Bahnbrücke zerstört. Nur zehn Tage vor Ende des Zweiten Weltkriegs sprengten Soldaten der Deutschen Wehrmacht die seitlichen Brückenbögen, um der heranrückenden Roten Armee das Übersetzen auf die Insel zu erschweren.

Nach dem Krieg wurden die Bahngleise im Achterland demontiert und das Material als **Reparationsleistung** in die Sowjetunion geschafft. Das Hebewerk blieb indes weitgehend unversehrt – und rostet seither im Wasser der Peene langsam vor sich hin.

MEIN TIPP

Das kleinste Museum Usedoms

Das kleinste Museum der Insel ist eigentlich eher ein hübsch **restaurierter Schuppen** mit zusammengewürfelten Gegenständen aus dem Dorfleben der Usedomer. Zu sehen sind **landwirtschaftliche Gerätschaften** und alle möglichen **Alltagsgegenstände** vergangener Tage. Die Dorfgemeinschaft betreibt das Museum in Eigenregie, und jeder der 13 Einwohner Gneventhins verfügt über einen Schlüssel. Besucher können also an jeder beliebigen Haustür des Dorfes klingeln und darum bitten.

› **Dorfmuseum Gneventhin** <056> Gneventhin 8, Eintritt frei (Spenden erwünscht)

101ud-mb

Essen und Trinken

› **Hafenimbiss Karnin** € <057> Karnin 14. Der rustikale Imbiss ist derzeit die einzige Möglichkeit, sich in der Nähe der Hubbrücke zu verpflegen. Auf der Speisekarte stehen typische Fast-Food-Gerichte wie Pommes und Currywurst (allerdings hier mit spezieller Karniner Soße), Fischbrötchen und Kuchen. Wer sich draußen hinsetzt, kann die Ruhe an diesem verschlafenen Ort und eine wunderschöne Aussicht genießen.

㉘ Schloss Stolpe ★ [D8]

Wer über die **holprige Kopfsteinpflasterstraße** in den kleinen Ort Stolpe rumpelt, erblickt in seinem Zentrum sogleich die neugotische **Backsteinkirche** aus dem Jahr 1873. Sie liegt an einem malerischen Dorfweiher, in dessen Oberfläche sich wiederum der alte und neue Glanz des Ortes spiegelt: **Schloss Stolpe.** Nach der Bodenreform 1945 wurde das Schloss über Jahrzehnte hinweg als Traktoren- und Ferienlager genutzt, rückgebaut und dem Verfall preisgegeben. Seit der Wende wurde das Renaissancegebäude aber durch einen Förderverein aufwendig renoviert. Ein Großteil des imposanten Baus kann heute **besichtigt** werden und dient außerdem als **Veranstaltungsort** für Konzerte, Lesungen, Vorträge und Familienfeiern.

Eine zentrale Rolle bei den heutigen **Führungen** durch das Schloss spielt die Biografie der letzten Gräfin von Stolpe, **Freda von Schwerin** (1872–1957). Hierbei wird allerdings weniger auf Schattenseiten der Geschichte – wie etwa das Schicksal der auf dem Schloss beschäftigten und dort auch zu Tode gekommenen Zwangsarbeiter – eingegangen als vielmehr auf Fredas große Gastfreundlichkeit, Weltoffenheit und ihr soziales Engagement für die Dorfbevölkerung. Nach dem Verlust ihres Mannes und beider Söhne in den

⌃ *Ruhig und abgeschieden: das idyllische Schloss Stolpe*

Weltkriegen trafen die Gräfin Enteignung und Heimatverlust besonders schwer. Ihren aufgrund der damaligen politischen Lage unrealistisch scheinenden Wunsch, einmal auf dem **Stolper Dorffriedhof** beigesetzt zu werden, ließ sie in ihrem neuen Wohnort Lüneburg testamentarisch festhalten. Und tatsächlich: Nach der Überwindung einer Vielzahl bürokratischer und ideologischer Hürden kehrte Freda von Schwerin 1957 als „Stückgut" nach Stolpe zurück. Der sie begleitende lange Trauerzug musste allerdings einen Umweg durch die Felder nehmen, da der direkte Weg zum Schloss demonstrativ durch einen Traktor versperrt worden war.

Heute sind die früheren **Gemächer** der Gräfin wieder vollständig instandgesetzt. In der benachbarten Remise können Besucher auch **Ferienwohnungen und Appartements** anmieten. Wer die Arbeit des Fördervereins unterstützen möchte, kann dies mit einem Kauf im gut sortierten **Buchbasar** auf der Galerie des Schlosses tun.

- › Am Schloss 1, www.schloss-stolpe.de, Termine für Führungen s. Website
- › **Restaurant Remise** €€, Alte Dorfstr. 7, Tel. 038372 769280, www.restaurant-remise-schloss-stolpe.de. In der ehemaligen Wagenscheune des Stolper Schlosses werden heute Spezialitäten der gehobenen Küche serviert: gutbürgerliche Gerichte, verfeinert mit einem gewissen modernen Pfiff. Ein absolutes Highlight – und mittlerweile das Aushängeschild der „Remise" – sind die Pommern-Tapas in über 15 Variationen.

29 Wisentpark Insel Usedom ★ [E7]

Unter **„Königen des Waldes"** stellt man sich vielleicht auf Anhieb Spektakuläreres vor als eine kleine Herde zottelig-brauner Vierbeiner, die genüsslich an Heuraufen herumzupfen. Wer sich jedoch im Wisentpark in **Prätenow** Zeit und Muße für die Beobachtung der Tiere und die Auseinandersetzung mit ihrer Geschichte nimmt, kann viel Spannendes über die Rückkehr der Wisente lernen.

Die **Betreiber** des Wisentgeheges geben gern und stolz **Auskunft** über ihre Minizucht und haben für jedes Tier eine eigene **Infotafel** gestaltet. Aus dem polnischen Wisent-Schaugehege 47 importierte Tiere, die zur Grundlage der deutschen Zucht wurden, hören auf Namen wie Pociotek und Pojawinka. In Prätenow dagegen denkt man sich für jedes neue Kälbchen einen Namen mit der Vorsilbe „Us" aus und so trotten zum Beispiel Uskira, Usmara, Usjano und Ustina durch das Gehege. Als besonderes Highlight lässt sich sogar die **Geburt eines kleinen Wisents auf Video** verfolgen. Ein 800 m langer **Rundweg** führt außerdem an Damhirschen, Wildpferden und einem Eis-

033ud-ab

› *Wisente sind auch als Europäische Bisons bekannt*

MEINE TIPPS

Erlebniswelt Hangar 10

Die großzügige Anlage am Flughafen Heringsdorf ist der Welt der Fliegerei gewidmet. Nachdem jedoch der Betreiber des Hangar 10 bei einem Flugzeugabsturz ums Leben kam, ist ungewiss, ob die Ausstellung in Zukunft in alter Form und Größe erhalten bleiben kann. Die Sammlung historischer Fluggeräte ist aber nach wie vor beeindruckend.

› **Erlebniswelt Hangar 10** <058> An der Haffküste 1, Zirchow, www.hangar10.de, geöffnet: Mai–Okt. Mi.–Mo. 10–17, Nov.–23. Dez. Mo. und Do.–So. 10–16.30 Uhr, Eintritt: 10 €, erm. 8 €, Kinder bis 10 Jahre frei

Ausflug zum Wolgastsee

Diese **gemütliche Lokalität direkt am Wolgastsee** [F7] ist eher als Kiosk denn als Gartenlokal zu bezeichnen, doch es lässt sich hier trotzdem ganz wunderbar bei selbst gebackenem Kuchen, Fischbrötchen oder Erbsensuppe verweilen. Das sympathische Ehepaar betreibt am See auch einen **Bootsverleih.**

› **Gartenlokal am Wolgastsee** <059> Korswandt, geöffnet: April–Okt. tgl. ab 9 Uhr

zeitpark mit lebensgroßen Plastiken von Mammut, Riesenhirsch und Co. vorbei. Außerhalb der Öffnungszeiten sind die Wisente dann wahrhaftig Könige des Waldes – auf einer Fläche von immerhin sechs Hektar dürfen sie sich in den Abend- und Nachtstunden ungestört austoben.

› Heideweg 1, Prätenow, Tel. 0162 1637779, www.wisentgehege-usedom.de, geöffnet: Ostern–Okt. 10–17 Uhr, Nov.–Ostern 10.30–15.30 Uhr, Fütterungszeiten: 10 u. 14.30 Uhr, Eintritt: 5 €, Kinder bis 16 Jahre 3 €, Kinder unter 6 Jahren kostenlos

30 Technik- und Zweiradmuseum Dargen ★ [E7]

Auf einer riesigen Ausstellungsfläche von über 1500 m² kann man im beschaulichen Dargen nicht nur **Technik und Zweiräder**, sondern auch eine der größten **DDR-Ausstellungen** Deutschlands erleben. Schier endlos scheint die Masse an **Exponaten aus dem sozialistischen Alltag**, die manch einem ein „Weißt du noch?!" entlockt und Besucher aus Ost und West gleichermaßen in den Bann zieht. Neben fast allen zu DDR-Zeiten genutzten Fahrzeugen gibt es eine große Spielzeugabteilung, Unmengen an Haushaltsgegenständen, Radio- und TV-Technik sowie politisches Propagandamaterial.

Der ganze Stolz des Museums ist ein funktionsfähiges **Modell der Hubbrücke Karnin** 27, das in deutsch-polnischer Zusammenarbeit gestaltet wurde. Höhepunkt des Museumsjahres ist das traditionelle **Ostalgietreffen** im Frühsommer. Erinnerungen an alte Zeiten werden auch in der **Vereinsgaststätte** wach, wo auf Mitropa-Geschirr typische DDR-Gerichte serviert werden.

› Bahnhofstr. 7, Dargen, Tel. 038376 20290, www.museumdargen.de, geöffnet: April–Okt. tgl. 10–18 Uhr, Nov.–März tgl. 10–15 Uhr, Eintritt: 7,50 €, ermäßigt 5 €

31 Kamminke ★★ [G8]

Kamminke ist ein **malerisches Fischerdörfchen** mit gerade einmal 300 Einwohnern in unmittelbarer Nähe der Grenze zu Polen. Seine krummen Gassen werden dominiert von geduckten und oft farbenfrohen **Reetdachhäusern**. Am **Hafen** öffnet sich ein weiter Blick über das **Stetti-**

ner Haff, ein südlich von Usedom und Wollin gelegenes Küstengewässer, das durch die Inseln von der Ostsee abgetrennt ist. Wer unweit des Hafens ein Plätzchen auf der einzigen Bank ergattert, fühlt sich inmitten der rauschenden Wassermassen einen Moment lang wie allein auf der Welt. Im Hafen werden **Rundfahrten** über das Stettiner Haff angeboten.

Ein besonderes Kleinod ist die urtümliche **Badestelle**, die weniger frequentiert wird als die der bekannten Seebäder. In der Nähe planschender Urlauber nisten hier **Kormorane** und andere Wasservögel und beobachten gelassen das geschäftige Treiben.

› **Haffrundfahrt:** Mai–Sept. mindestens eine Tour am Tag, Fahrplan und Preise unter www.reederei-peters.de
› **Fischräucherei „Klönsnack"** <060> Auf der Mole, Tel. 038376 29776. Die idyllisch gelegene Räucherei im Hafen von Kamminke bietet Fischspezialitäten zum Verzehr vor Ort und zum Mitnehmen an. Von der Terrasse aus hat man eine herrliche Sicht auf das Stettiner Haff. Ein Grill- und Räucherbuffetabend mit Musik findet ab Christi Himmelfahrt donnerstags, freitags und samstags ab 19 Uhr, im Juli und August täglich ab 19 Uhr sowie im September donnerstags, freitags und samstags ab 18 Uhr statt.

32 Gedenkstätte Golm ★★ [G7]

In unmittelbarer Nähe zur polnischen Grenze liegt der Berg Golm, mit 69 Metern die höchste Erhebung Usedoms. Einst geschätzt als fröhlicher Ausflugsort, erinnert er heute als Mahn- und Gedenkstätte an die Opfer der Luftangriffe auf Swinemünde (s. S. 70) und bietet Raum für internationalen Jugendaustausch.

Bereits seit Mitte des 18. Jh. war der bronzezeitliche Burgwall mit seiner bekannten Gaststätte Onkel Toms Hütte und dem Aussichtsturm ein **beliebtes Ausflugsziel.** Ab 1943 diente er als Friedhof für im Lazarett von Swinemünde (Świnoujście) verstorbene Marinesoldaten, später auch als Soldatenfriedhof. Nach der Beisetzung von Opfern der **Luftangriffe** vom 12. März 1945 erlangte der Golm als **größter Friedhof der Insel** traurige Berühmtheit. Die genaue Opferzahl der Angriffe ist unbekannt, doch sollen nach jüngsten Forschungserkenntnissen mehrere Tausend der geschätzt **6000 bis 14.000**

Malerisch und etwas verschlafen: das Fischerdorf Kamminke

034ud-mb

Meine Tipps

Historische Ausstellung

Ein echter Geheimtipp für Geschichtsinteressierte ist die zunächst unscheinbare Maria-Magdalenen-Kirche in Garz. Hier informiert die Ausstellung „Der Golm und seine Umgebung" über die Geschichte des Dorfs, der Kirche und vor allem der benachbarten Kriegsgräberstätte Golm. Das Projekt des ehemaligen Pastors Otto Simon und seiner Frau Ingeborg entstand im Rahmen der 1992 von ihnen gegründeten „Interessengemeinschaft Gedenkstätte Golm e. V.". Weil die Ausstellung auch das jahrzehntelange mühevolle Ringen um ein „richtiges" Gedenken an die historischen Geschehnisse und ihre Opfer darstellt, ist sie zugleich ein politisches Zeitdokument.

› **Maria-Magdalenen-Kirche** <061> Karl-Marx-Str. 15, Garz, geöffnet: Juni–Sept. 10–17 Uhr, Eintritt frei

Windschöpfwerk Kachlin

Aus den flachen Weiten des Thurbruchs ragt ein ungewöhnliches Denkmal in die Höhe: ein Windschöpfwerk, das seit 1920 ein knappes halbes Jahrhundert lang treu und ergeben für die Entwässerung sorgte, und zwar allein durch die Kraft des Windes. Mithilfe von 27 Windleitblechen trieb es eine Förderschnecke an, die Wasser aus dem Boden um bis zu 1,50 Meter anheben und abschöpfen konnte. Mittlerweile wird das Thurbruch schon lange von elektrischen Pumpen entwässert. Das Windschöpfwerk steht als Technikdenkmal unter Schutz und ist ein idealer Ort für ein kleines Picknick an den überdachten Sitzgelegenheiten zu seinen Füßen.

› **Windschöpfwerk Kachlin** <062> nahe dem Kachliner See in Dargen, rund um die Uhr geöffnet

Bombentoten – Zivilisten, Zwangsarbeiter und Militärs – auf der Anhöhe begraben worden sein.

Die weitläufige und von friedlicher Natur umrahmte **Gedenkstätte** ist heute ein Ort des stillen Gedenkens an über 3000 namentlich bekannte zivile Opfer. Viele von ihnen wurden unter chaotischen Umständen in Massengräbern bestattet oder blieben unter den Trümmern von Swinemünde verschüttet.

Am mühsamen Prozess der Gedenkstättenentwicklung lässt sich die **Auseinandersetzung um die „richtige" Form des Gedenkens** ablesen. Da der Volksbund Deutsche Kriegsgräberfürsorge auf dem Gebiet der DDR keine Arbeitserlaubnis erhalten hatte, hatte sich als Erstes die **evangelische Kirche** für eine angemessene Würdigung der Toten und die Errichtung eines Mahnmals engagiert. Diese Bemühungen wurden von staatlicher Stelle jedoch massiv boykottiert; ein 13 Meter hohes Holzkreuz wurde 1954 von „unbekannten Tätern" unmittelbar nach seiner Aufstellung abgesägt.

1969 ließen die DDR-Staatsorgane damals noch vorhandene Kennzeichnungen von Einzelgräbern im Zuge der Neugestaltung der Anlage entfernen; ab den 1970er-Jahren wurde sie als „sozialistische Bildungsstätte" genutzt. Durch Wolfgang Eckhard ließ man ein **ringförmiges „Mahnmal gegen Krieg und Faschismus"** errichten, das in seiner massigen Betonstruktur einen betonten Bruch mit der idyllischen Naturlandschaft darstellen sollte. Es trug Johannes R. Bechers mahnende Worte „Dass nie eine Mutter mehr ihren Sohn beweint", doch die Buchstaben wurden mehrfach gestohlen. Zwölf Stufen, die zum Denkmal hinaufführen, sym-

bolisieren die Jahre der NS-Diktatur. Die zentrale **Skulptur „Die Frierende“** wurde indes erst 1984, gut 30 Jahre nach ihrer Gestaltung, auf den Golm gebracht – denn weder die Darstellung einer trauernden Flüchtlingsfrau noch ihr Schöpfer **Rudolf Leptien,** der kurz nach ihrer Fertigstellung „Republikflucht“ begangen hatte, entsprachen der Parteilinie der DDR.

Heute ist der Golm Sitz einer **Jugendbegegnungs- und Bildungsstätte,** die sich im Rahmen internationaler Jugendprojekte mit der Pflege der Gedenkstätte beschäftigt.

› **Jugendbegegnungs- und Bildungsstätte (JBS),** Dorfstr. 33, Kamminke, www.jbs-golm.de, Eintritt zur Gedenkstätte frei

Strände im Achterland

Das Achterland kann zwar nicht mit kilometerlangen Sandstränden aufwarten, doch man kann im Peenestrom, Achterwasser und Stettiner Haff trotzdem wunderbar baden. Die idyllische Küstenlandschaft ist ein ideales Ziel für Badeurlauber, die sich nach Ruhe sehnen. Allerdings sollte man sich darauf einstellen, dass die **Badestellen** bisher **kaum erschlossen** sind.

Empfehlenswert ist die mit einem kleinen, naturbelassenen Sandstrand und einem Kinderspielplatz ausgestattete **Badestelle bei Quilitz** [C6] im westlichen Teil des Lieper Winkels 25. Auch zwei Kilometer von der Stadt Usedom 26 entfernt gibt es eine **Badestelle am Peenestrom,** die von idyllischen Schilfgürteln umgeben und bequem über einen Feldweg zu erreichen ist. Vergleichsweise großzügig, aber ähnlich naturbelassen ist der **Sandstrand von Kamminke** 31 am Stettiner Haff. Außerdem gibt es im Achterland noch einige weitere kleine und dementsprechend lauschige Badestellen – zum Beispiel am Warther Haken [C5] an der Nordspitze des Lieper Winkels, an der Haffküste bei Schloss Stolpe 28 und in Neverow [F8] zwischen Dargen und Garz.

Leptiens Skulptur „Die Frierende“

Kaiserbäder

Die drei Kaiserbäder sind das Aushängeschild Usedoms. Jährlich zieht es über eine halbe Million Gäste an die Strände, auf die Seebrücken und in die Restaurants von Bansin, Heringsdorf und Ahlbeck. Eine Strandpromenade verbindet die drei Seebäder und vereint sie praktisch zu einem großen Badeort. Auf ihr lässt es sich wunderbar von Bansin bis Ahlbeck flanieren – und wer möchte, kann dem Spazier- und Radweg entlang der Küste sogar bis ins polnische Swinemünde (Świnoujście) folgen.

33 Seebad Bansin ★★ [F5]

Ursprünglich lag Bansin nicht am Meer, sondern am Gothensee, knapp zwei Kilometer hinter den Dünen. Erst als in den 1890er-Jahren am Strand zwei Badeanstalten aus Holz gezimmert wurden, begann der Bau von Pensionen und Hotels in unmittelbarer Nähe zur Ostsee. Daher ist Bansin das jüngste und bis heute auch das kleinste der drei Kaiserbäder. Doch literarisch hat es die tiefsten Spuren hinterlassen. In zahlreichen Erzählungen und einem Roman verewigte der Schriftsteller und Spiritus Rector der Gruppe 47, Hans Werner Richter, seine Heimat.

Wie ein Kreuz, schreibt Richter, sind die beiden wichtigsten Straßen von Bansin angeordnet: Die **Seestraße** läuft vom Meer aus landeinwärts, die **Bergstraße** parallel zum Strand. Richter selbst ist in der Seestraße im heutigen Haus der Buchhandlung Runne (s. S. 56) aufgewachsen.

Promenade und Seebrücke bilden die Flaniermeile des Seebades. Verglichen mit den exklusiven Stegen in Heringsdorf 36 und Ahlbeck 38 aber gibt sich die **Bansiner Seebrücke** angenehm bescheiden. Hölzern ragt sie ohne Brückengebäude oder Vorbau 285 Meter ins Meer hinein. Zur einen Seite liegen Fischerstrand, Steilküste und Langer Berg, zur anderen die belebte, sich bis Swinemünde (Świnoujście) erstreckende **Strandpromenade** mit der **Konzertmuschel.**

Sehenswert sind die vielen prächtigen **Bädervillen** aus der Gründerzeit, die sich in der Bergstraße aneinanderreihen. An die Anfänge des Badewesens in Bansin erinnern auch die etwas unscheinbaren **Badekarren** neben der Konzertmuschel. Solche hölzernen Umkleidekabinen wurden einst mit Pferden ins Meer gezogen, um ein sittlich korrektes, vor Blicken geschütztes Baden zu ermöglichen.

Eine Besichtigung lohnen auch das **Hans-Werner-Richter-Haus** 34 und das **Tropenhaus Bansin** 35.

34 Hans-Werner-Richter-Haus ★ [F5]

Hans Werner Richter (1908–93) ist berühmt geworden als **Leiter der Gruppe 47** – einer losen **Schriftstellervereinigung**, die sich zwischen 1947 und 1967 traf und alsbald als wichtigstes Forum der deutschen Literatur wahrgenommen wurde. Auf die Einladung Richters, die er in Form von Postkarten versandte, kamen bedeutende Literaten der Zeit zusammen, um sich ihre Texte gegenseitig vorzulesen und diese zu kritisieren. Richter selbst verfasste vorwiegend autobiografische Romane und Erzählungen – viele davon spielen in seiner Heimat Usedom.

Zum Andenken an den berühmten Sohn hat Bansin 33 sein altes Feuerwehrgebäude zu einem kleinen Literaturhaus umgebaut. Dort

036ud-mb

⊡ *Prunk am Ostseestrand: eindrucksvolle Bäderarchitektur in Bansin*

sind nicht nur **Erinnerungsstücke** aus dem Nachlass des Schriftstellers zu sehen, sondern auch sein **Arbeitszimmer** aus München, jener Stadt, in der er lange Zeit gelebt hatte. An den Wänden hängen **Grafiken** seines Freundes **Günter Grass** (1927–2015); eine kleine **Ausstellung** erinnert an die Ahlbecker Publizistin **Carola Stern** (1925–2006).

Regelmäßige **Lesungen** und eine öffentliche **Bibliothek** sorgen heute für Leben im Hans-Werner-Richter-Haus. In Letzterer können Urlauber in Richters „Geschichten aus Bansin" oder seinem liebenswerten autobiografischen Roman „Spuren im Sand" (s. S. 122) schmökern und sich die eine oder andere Strandlektüre ausleihen.

› Waldstr. 1, geöffnet: Juli–Sept. Di.–Fr. 10–17, Sa. 12–17, Okt.–Juni Di.–Fr. 10–16, Sa. 12–16 Uhr, Eintritt: 3 €

35 Tropenhaus Bansin ★ [F5]

Eine unerwartet exotische Welt tut sich im Tropenhaus Bansin auf. In einem der **kleinsten Zoos Deutschlands** bevölkern Schlangen, Chamäleons, Leguane und Geckos die Terrarienlandschaften, leben farbenprächtige Sittiche in den Volieren und Kapuzineraffen in den Gehegen. Etwa 150 Tiere aus 70 Arten und 120 Pflanzenarten lassen sich hier bestaunen.

Auf Wunsch erzählen die **engagierten Mitarbeiter** allerhand Wissenswertes über die Tiere, deren artgerechte Haltung ihnen sehr am Herzen liegt. So ist das Tropenhaus ein angenehmer Ort zum Staunen und Spazieren. Für Kinder gibt es einen **Dschungelspielplatz** im Freien.

› Goethestr. 10, www.tropenhaus-bansin.eu, geöffnet: Mai–Sept. tgl. 10–18 Uhr, Okt.–April tgl. 10–16 Uhr, Eintritt: 10 €, erm. 7 bzw. 6 €

Infos und Reisetipps

■ **Touristinformation Bansin** <063> An der Seebrücke, Tel. 038378 47050, www.kaiserbaeder-auf-usedom.de/bansin, geöffnet: April–Okt. Mo.–Fr. 9–17, Sa., So. 10–15, Nov.–März Mo.–Fr. 9–16, Sa. 10–15 Uhr

Essen und Trinken

› **Café Forsthaus Fangel** <064> Fangel 15, April–Okt. Di.–So. 14–18 Uhr. Versteckt im Wald zwischen Schmollensee und Großem Krebssee wird in einem hölzernen Forsthaus bereits seit 1937 Kaffee und hausgebackener Kuchen serviert. Ein wirklich lohnendes Ziel für einen Spaziergang von Bansin ins Hinterland des Seebads.

- **Café Küstenkram** <065> Goethestr. 2, geöffnet: in der Saison Mi.–Sa. 14–17 Uhr. Zu Gast in Nachbars Garten – so fühlt man sich in diesem kleinen Café. Täglich backt die Gastgeberin frischen Kuchen. Dazu kommt eine große Kanne Kaffee, serviert auf Tischen, die unter dichten Obstbäumen stehen. Im Haus hat die Eigentümerin ein kleines Museum mit Fundstücken vom Bansiner Ostseestrand eingerichtet.
- **Pension & Restaurant Schloon Idyll** €€ (s. S. 131), geöffnet: tgl. ab 12 Uhr. Ausgesprochen idyllisch liegt das Lokal am Ufer des Schloonsees. Nachmittags lässt sich hier ein Stück frisch gebackener Kuchen mit Seeblick genießen. Am Abend gibt es zu relativ moderaten Preisen Fischgerichte und Hausmannskost. Eine Reservierung wird empfohlen.

Einkaufen

- **Buchhandlung Runne** <066> Seestr. 68. Wie passend: Im Elternhaus des Bansiner Schriftstellers Hans Werner Richter (s. S. 54) wird heute Literatur verkauft. Urlauber finden hier ein gut sortiertes Angebot an Lektüre mit Usedom-Bezug.

Nachtleben

- **Atlantic Pub** <067> Strandpromenade 18, Tel. 038378 60655, geöffnet: Mo.–Sa. 17–23 Uhr. Rustikal eingerichtete Kneipe mit Livemusik an Freitagabenden, Raucherlounge und zwei Bowlingbahnen. Ein netter Ort, um abends gemütlich ein Bier trinken zu gehen.

Bansin

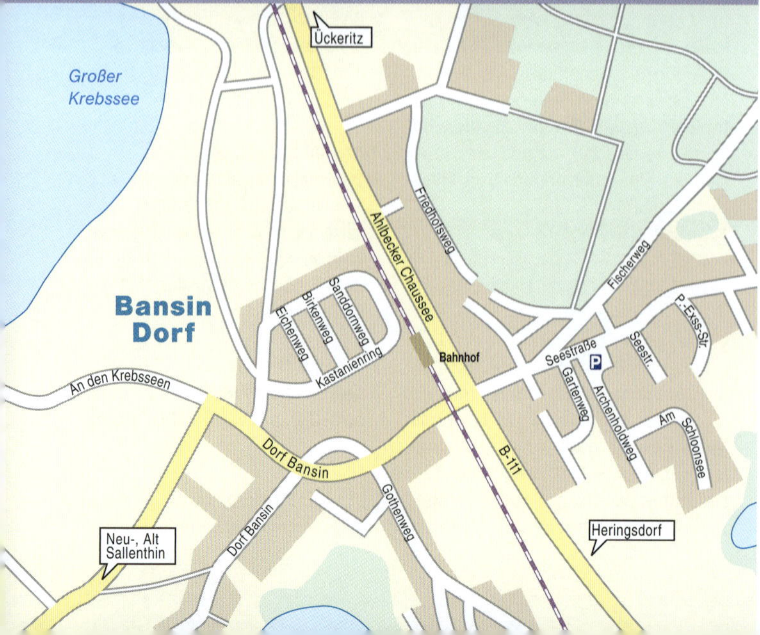

■ **Zum Bierkutscher** <068> Seestr. 83, Tel. 038378 32158, www.hotel-buchenpark.de/zum-bierkutscher, geöffnet: tgl. ab 12 Uhr. In dieser urigen Kneipe mit Terrasse gibt es ein reichhaltiges Bierangebot sowie Livemusik und Fußballübertragungen.

36 Seebad Heringsdorf ★★★ [F6]

Unter den Usedomer Seebädern ist wohl keines so schick und mondän wie Heringsdorf. Wahrzeichen und ganzer Stolz des Ortes ist seine pompöse, über 500 Meter lange Seebrücke. Weiter als irgendwo sonst in Deutschland ragt dieser Laufsteg samt Shoppingmeile und Restaurant ins Meer. Nicht weniger Prunk und Trubel herrschen an Land, besonders auf der belebten Strandpromenade. Ein beeindruckendes Ensemble von Villen im Bäderstil rundet das Bild des eleganten Seebads ab.

Das Herz des Seebads schlägt an der **Strandpromenade**, wo die 1995 wieder errichtete **Seebrücke** ins Meer ragt, Kurgäste auf den Bänken vor der **Konzertmuschel** sitzen und Urlauber sich im **größten Strandkorb der Welt** fotografieren lassen. Dieses überdimensionierte Freilichtmöbel wurde von der **Strandkorbfabrik Heringsdorf** (s. S. 61) für den G8-Gipfel 2007 in Heiligendamm gefertigt.

Kunstliebhaber zieht es in den **Kunstpavillon** und Romantiker, sobald es dunkel wird, in die kleine **Volkssternwarte**, wo sie ihren Blick auf weit entfernte Himmelskörper richten können.

An der Seebrücke ragen auch **zwei zehnstöckige Plattenbauten** in den oft blauen Himmel. Die Türme sind das Sinnbild für den staatlich gelenk-

ten Fremdenverkehr in der einstigen DDR. Als Heim „Solidarität" wurden sie 1979 bis 1984 vom FDGB errichtet. Über den Feriendienst des Gewerkschaftsbundes, der mit Abstand über das größte Bettenkontingent in Heringsdorf verfügte, bekamen DDR-Bürger ihre Ferienplätze im **„Bad der Werktätigen"** zugewiesen.

Von den Gründerjahren Heringsdorfs hingegen erzählen die oft prachtvolle **Bäderarchitektur** und der **Gedenkstein für den Geheimrat Hugo Delbrück** (1825–1900), auf der Strandpromenade. In der zweiten Hälfte des 19. Jh. ließen sich viele wohlhabende Unternehmer, Bankiers und Politiker **luxuriöse Sommerresidenzen** errichten. Besonders bekannt und eindrucksvoll sind die Villa Oechsler des Kommerzienrats Hermann Berthold (Delbrückstr. 5), die Villa des Berliner Großkaufmanns Wilhelm Staudt (Delbrückstr. 6) oder die Villen der Bankiersdynastien Oppenheim (Delbrückstr. 11) und Bleichröder (Delbrückstr. 14).

Binnen weniger Jahre stieg Heringsdorf zum Seebad auf. Maßgeblichen Anteil daran hatte die 1872 gegründete **Aktiengesellschaft Heringsdorf** unter Leitung von Hugo Delbrück. Sie kaufte das Land um die ehemalige Fischersiedlung auf, ließ prachtvolle Villen, Hotels und Pensionen erbauen, verkaufte Parzellen an gut betuchte Sommergäste und gab 1891 den Bau der ersten Seebrücke in Auftrag. Das notwendige Kapital brachte Delbrücks Bruder Adelbert ein, der als Chef des Berliner Bankhauses Delbrück, Leo & Co. und einer der beiden Gründer der **Deutschen Bank** auch über beste Kontakte zur hohen Gesellschaft in Berlin verfügte.

Das erste massive Logierhaus in Heringsdorf aber wurde bereits 1825 von Oberforstmeister **Georg Bernhard**

Heringsdorf

von Bülow (1768–1854) auf dem Kulm errichtet. Er gilt daher als **Gründer** von Heringsdorf. Unter dem Namen **Weißes Schloss** wird das Haus in der Rudolf-Breitscheid-Str. 3 bis heute als Urlaubsresidenz genutzt.

Seinen **Namen** erhielt Heringsdorf jedoch schon einige Jahre zuvor, als der preußische König Friedrich Wilhelm III. 1820 in Swinemünde weilte. Um das Einsalzen und Verpacken von fangfrischen Heringen persönlich in Augenschein zu nehmen, unternahm der Monarch gemeinsam mit seinen Söhnen einen Ausflug in eine zehn Kilometer entfernte namenlose Fischerkolonie. Als der Oberforstmeister von Bülow dort um einen Namen für die Fischersiedlung bat, habe der Kronprinz und spätere König Friedrich Wilhelm IV. in heiterer Laune „Heringsdorf" vorgeschlagen.

- **Seebrücke Heringsdorf** <069> Strandpromenade 1
- **Kunstpavillon** <070> Strandpromenade, www.kunstpavillon-ostseebad-heringsdorf.de, geöffnet: März–Sept. Mi.–So. 15–18 Uhr, Okt. Mi.–So. 14–17 Uhr, Eintritt frei (kleine Spende erwünscht). Im gläsernen Rundbau stellen Künstler aus ganz Deutschland ihre Werke aus; regelmäßig finden Lesungen und Konzerte statt.
- **Volkssternwarte „Manfred von Ardenne"** <071> Strandpromenade, www.sternwarte-usedom.de, Eintritt: 6 €, erm. 4 €. Vorträge über Heringsdorf im Wandel der Zeit und abends, bei klarem Himmel, einen Blick in die Sterne. Die aktuellen Öffnungszeiten finden sich auf der Website oder im Schaukasten vor Ort.

37 Museum Villa Irmgard ★ [F6]

Die Villa Irmgard ist **Heimatmuseum**, Ort für **Kulturveranstaltungen** und zugleich **Gedenkstätte für Maxim Gorki** (1868–1936), der während eines Kuraufenthalts im Sommer 1922 in der Villa weilte. Zu sehen

037ud-mb

Urlaubsstimmung auf der Seebrücke in Heringsdorf 36

sind Wohn- und Arbeitsraum des russischen Schriftstellers, Auszüge aus seinen gewissenhaft gepflegten Briefwechseln, einige Infotafeln über die Heringsdorfer Gründerzeitvillen und ihre Besitzer sowie regelmäßig wechselnde Sonderausstellungen. Daneben finden in der Villa Irmgard regelmäßig Vorträge, Lesungen und Konzerte statt. Aktuelle Informationen über das Veranstaltungsprogramm sind in der **Touristinformation** (s. u.) erhältlich.

› Maxim-Gorki-Str. 13, Tel. 038378 22361, geöffnet: Mai-Okt. Di., Do.-Sa. 12-18, Nov.-April Di., Do.-Sa. 12-16 Uhr, So. nach Vereinbarung, Eintritt: 6 €, mit Kurkarte 3 €

Infos und Reisetipps

- **Touristinformation Heringsdorf** <072> Delbrückstr. 69, Tel. 038378 2450, www.kaiserbaeder-auf-usedom.de/heringsdorf, geöffnet: April-Okt. Mo.-Fr. 9-18, Sa., So. 10-15, Nov.-März Mo.-Fr. 9-16, Sa. 10-15, So. 10-12 Uhr

Essen und Trinken

- **Das kleine Restaurant** €€-€€€ <073> Seestr. 10, Tel. 038378 22297, geöffnet: tgl. 12-14 und 17-22 Uhr. Auch wenn das kleine Restaurant auf den ersten Blick etwas aus der modernen Zeit gefallen wirkt und die Stühle eng stehen: Das Essen schmeckt hervorragend! Es gibt frischen Fisch, Fleischgerichte und Salate. Eine Reservierung empfiehlt sich, Kartenzahlung ist nicht möglich.
- **Domkes Fischpavillon** €€ <074> Friedenstr. 12/Brunnenstr., www.fischdomke.de/domkes-fischpavillon, Tel. 0172 3942644, geöffnet: Mai-Sept. tgl. 10-21 Uhr, Okt.-April tgl. 10-19 Uhr. Domkes Fischpavillon ist ein Selbstbedienungsrestaurant der besonderen Art. Von einer großen Eisplatte wählt man den gewünschten fangfrischen Fisch aus und sobald dieser in der Küche zubereitet wurde, holt man sich das Essen an

Mein Tipp

Über den Bäumen

In luftiger Höhe schlängelt sich ein **hölzerner Pfad** über mehr als einen Kilometer zwischen den Baumkronen von Buchen und Kiefern hindurch. Die Aussicht ist prächtig, wird aber noch besser, wenn es auf den 33 Meter hohen Turm hinaufgeht. Vom höchsten Punkt auf Usedom eröffnet sich der Blick über die Kaiserbäder, die Ostsee und das Achterland. Bis ganz nach oben ist der Zugang barrierefrei.

- **Baumwipfelpfad Usedom** <075> Am Bahnhof 12, Heringsdorf, www.baumwipfelpfade.de/usedom, geöffnet: tgl. Nov.-März 9.30-16, April, Okt. 9.30-18, Mai-Sept. 9.30-19 Uhr, Tickets bis 1 Stunde vor Ende der Öffnungszeiten, Eintritt: 13 €, erm. 11 €

der Ausgabe ab. Die vielen maritimen Requisiten und historischen Fotografien sorgen für echtes Seemannsflair.

- **Eis-Villa Stein** <076> Kulmstr. 4, Facebook: Eis-Villa Stein, geöffnet: tgl. 12–22 Uhr. Die Eis-Villa Stein umweht der Ruf, besonders leckeres Eis herzustellen. Neben klassischen Eisbechern, Waffeln oder Kaffee und Kuchen wird auch italienisches Essen serviert.

Einkaufen

- **Seebrücke Heringsdorf.** Die Seebrücke ist die Shoppingmeile der Insel. Auf ihr tummeln sich mehrere Dutzend kleine Läden – vom Teehaus über bekannte Modemarken bis hin zum Juwelier.
- **Strandkorbfabrik Heringsdorf** <077> Brunnenstr. 10, www.strandkorbfabrik-heringsdorf.de, geöffnet: Mo.–Fr. 9–16 Uhr. Wer das Urlaubsgefühl in den heimischen Garten transportieren möchte, kann sich in der traditionsreichen Fabrik einen Strandkorb kaufen oder nach eigenen Wünschen fertigen lassen.

Nachtleben

- **Usedomer Brauhaus** <078> Platz des Friedens, Tel. 038378 61420, www.usedomer-brauhaus.de, geöffnet: tgl. 12–22 Uhr. Kleines Brauhaus im Zentrum von Heringsdorf mit hausgebrauten Bieren. Jeden Freitag und Samstag ab 19 Uhr gibt es Livemusik bei freiem Eintritt. Reservierung empfohlen.

Weitere Attraktionen

- **Sommerkino Heringsdorf** <079> Strandpromenade 1, https://pretix.eu/Sommerkino/TVA. Von Ende Juni bis Anfang September gibt es an der Seebrücke dreimal täglich Open-Air-Kino zu sehen. Es gibt Angebote für alle Altersklassen und gemütliche Plätzchen im Strandkorb, auf Klappstühlen oder direkt im Sand.

38 Seebad Ahlbeck ★★ [G6]

Ganz im Osten, an der deutsch-polnischen Grenze, liegt das Seebad Ahlbeck. Elegante Villen im Bäderstil prägen die Silhouette der parkähnlichen Strandpromenade und der parallel verlaufenden Dünenstraße. In den schmalen Straßen des Ortes verstecken sich reetgedeckte Fischerkaten. Das unumstritten beliebteste Fotomotiv in Ahlbeck aber ist die alte Seebrücke mit ihrem Restaurant im hölzernen Vorbau. Und wem das Seebad zu klein ist, der besucht das nur fünf Kilometer entfernte polnische Swinemünde (Świnoujście), die größte Stadt auf Usedom.

Dreihundert Fischer gab es früher in Ahlbeck, die mit ihren Familien von der Fischerei lebten. In mühsamer und gefährlicher Arbeit brachten sie Heringe, Schollen und Flundern an Land. Auch heute noch leben die Ahlbecker im Einklang mit der Ostsee, aber sie bestreiten ihren Lebensunterhalt nur noch selten mit Fischfang, sondern leben vor allem von den Badegästen, die es an den Strand und ins Wasser zieht. Als Ende des 19. Jh. aus dem **Fischerdorf** ein **Badeort** wurde, entstanden jene Bauwerke, die noch heute das Bild von Ahlbeck bestimmen.

Im Jahr 1898 wurde der **Seesteg** eröffnet. Er ist die **älteste noch erhaltene Seebrücke an der Ostsee**, auch wenn im Laufe der Zeit Sturm und Eisgang erhebliche Ausbesserungen erforderlich machten. In den 1990er-Jahren wurde die Seebrücke auf 280 Meter verlängert. Vor dem Wahrzeichen Ahlbecks steht auf der Promenade eine nicht minder gern fotografierte **Jugendstiluhr**, die 1911 von einem Berliner Badegast gespendet wurde. Der **Ahlbecker Hof** gegenüber der Seebrücke wurde bereits Ende des 19. Jahrhunderts eröffnet. Das damalige Haus ersten Ranges gilt auch heute – nach zwischenzeitlicher Nutzung als NS-Gewerkschaftsheim und FDGB-Ferienheim – als eines der führenden Luxushotels an der Ostsee.

MEIN TIPP

Aussichtsturm

Wer **Ahlbeck** 38 **von oben** betrachten und seinen Blick von der Heringsdorfer Seebrücke bis zur Steilküste auf der Insel Wollin 46 schweifen lassen möchte, sollte den **Aussichtsturm der OstseeTherme** (s. S. 63) besteigen. Und wer die Mühe scheut, überwindet die 20 Höhenmeter einfach mit dem **Fahrstuhl** und genießt das Panorama ohne Anstrengung.

› Eintritt: 1 € (1-Euro-Münze für das Drehkreuz erforderlich)

Im Ort sind Straßen nach Goethe, Schiller, Bismarck, Stresemann und natürlich den deutschen Kaisern benannt. Doch nur einem Ahlbecker wurde diese Ehre zuteil: **Ferdinand Egelinski.** Er schenkte seinen Frauen und dem Kaiserreich insgesamt 33 Söhne und Töchter, wofür ihn Wilhelm II. persönlich im Rahmen einer Privataudienz in Berlin dankte! Tragisch nur, dass das Kaiserreich trotzdem unterging und der Name Egelinski heute in den deutschen Telefonbüchern nicht mehr zu finden ist.

Ahlbecks **Name** leitet sich übrigens in der Tat von dem glitschig-glatten, schlangenförmigen Fisch ab, der bis 1898 massenhaft im **Aal-Bach (damals Aal-Beek)** heimisch war und gefangen wurde. Dann wurde der Bach kanalisiert und über ein Rohr durch die Dünen ins Meer geführt.

Infos und Reisetipps

■ **Touristinformation Ahlbeck** <080> Dünenstr. 45, Tel. 038378 499350, www.kaiserbaeder-auf-usedom.de/ahl beck, geöffnet: April–Okt. Mo.–Fr. 9–17, Sa., So. 10–15, Nov.–März Mo.–Fr. 9–16, Sa. 10–15 Uhr

Essen und Trinken

■ **Carls Kneipe** €€ <081> Seestr. 6 b, Tel. 038378 30437. Ein uriges Lokal, betrieben von einem waschechten Insulaner, in dem ausgezeichneter, nach pommerscher Art zubereiteter Fisch auf den Tisch kommt, die Fischsuppe wird hoch gelobt. Wer keinen Fisch mag, für den stehen weitere Gerichte zur Wahl, allesamt echte Hausmannskost. An lauen Sommerabenden sitzt es sich auf der gemütlichen Terrasse besonders angenehm.

Einkaufen

■ **Galerie Köpp** <082> Talstr. 13, www.galerie-koepp.de, geöffnet: Mai–Okt. Mi.–So. 17–20 Uhr. In einer der ältesten Fischerkaten Ahlbecks stellt der auf der Insel geborene Maler und Grafiker Volker Köpp seine Werke aus, die häufig Usedomer Motive zum Thema haben. Besucher können die Bilder kaufen oder einfach nur bestaunen.

■ **Weinladen Ahlbeck** <083> Seestr. 1, www.weinladen-ahlbeck.de, geöffnet: Juni–Aug. Mo.–Sa. 10–20 Uhr, Sept.–Mai Mo.–Fr. 10–18, Sa. 10–16 Uhr. Ein Laden für wahre Feinschmecker: Zu einem erlesenen Sortiment deutscher und internationaler Weine gibt es Köstlichkeiten aus der Inselkäserei Usedom (s. S. 47), handgefertigte Pralinen und frisch gemahlenen Espresso.

Weitere Attraktionen

■ **OstseeTherme Usedom** <084> Lindenstraße 60, Tel. 038378 2730, www.ostseetherme-usedom.de, geöffnet: Mo.–Sa. 10–21, So. 10–20 Uhr, Eintritt (ohne Sauna): 3-Stunden-Ticket 13 €, Kinder

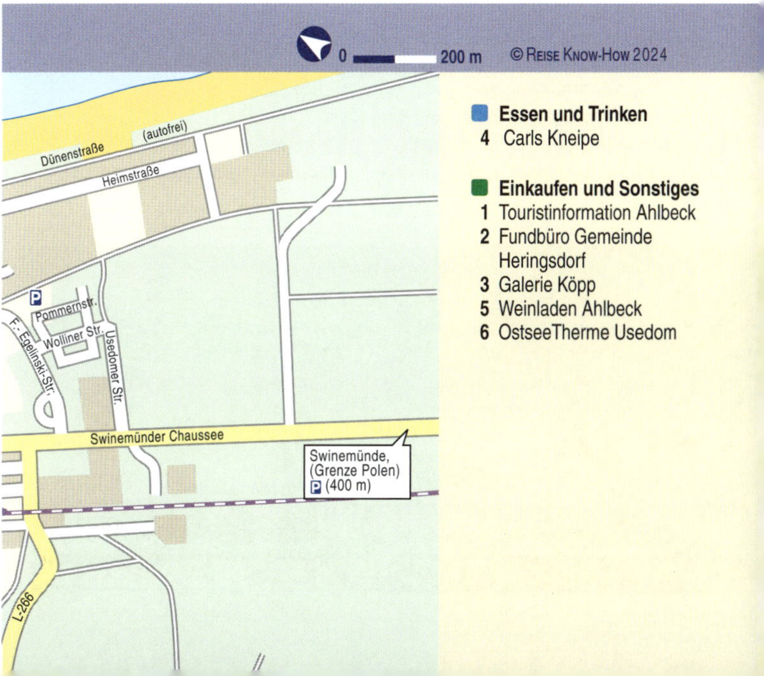

10 €, Tageskarte 15 €, Kinder 12 € (ggf. zuzüglich Kurtaxe). Sechs kleinere und größere Becken (davon ein Außenbecken und ein Babybecken), zwei Dampfbäder und eine Saunawelt garantieren Spaß und Entspannung für die ganze Familie. Und wie es sich für einen Kurort gehört, sprudelt in den Becken Solewasser, das aus eigenen Quellen gewonnen wird.

Strände der Kaiserbäder

Acht Kilometer lang und etwa 70 m breit ist der **feinsandige Strand** zwischen Bansin 33 und Ahlbeck 38. In den warmen Sommermonaten zählt er zu den **beliebtesten Ausflugszielen** auf Usedom. Entsprechend voll wird es bei schönem Badewetter. Von April bis Oktober kann man in allen drei Seebädern direkt an der Promenade **Strandkörbe** mieten (etwa 10 €/Tag).

Wer Zeitvertreib am Strand bevorzugt, findet zwischen Heringsdorf 36 und Ahlbeck einen **Sportstrand**, an dem im Juli und August mehr als Volleyball und Strandfußball geboten werden. Für **FKK-Freunde** sind an der Grenze in Ahlbeck und in Bansin nordwestlich der Seebrücke entsprechende Strandabschnitte ausgewiesen. Rund um die Seebrücken in Heringsdorf und Ahlbeck sind mehrere Strandzugänge **barrierefrei** gestaltet, sodass auch Menschen mit Beeinträchtigungen problemlos den Strand erreichen. Und für alle Urlauber mit tierischer Begleitung gibt es in Ahlbeck nahe der deutsch-polnischen Grenze sowie zwischen Heringsdorf und Bansin einen **Hundestrand.**

Wer sein Auto nah am Strand parken möchte, muss in den Kaiserbädern lange suchen, denn große **Parkplätze** am Wasser gibt es nicht. Allerdings wachsen die Chancen, einen freien Parkplatz zu finden, je weiter man sich vom Strand entfernt.

Klein, aber schmuck: Swinemündes Altstadt 39

Die Seebrücke in Ahlbeck 38 *ist eines der beliebtesten Fotomotive auf Usedom*

040ud-mb

041ud-mb

Swinemünde (Świnoujście)

Auf gleich drei Inseln erstreckt sich Swinemünde, die mit 41.000 Einwohnern größte Stadt in der Region: auf Usedom, Kaseburg und Wollin. Das Zentrum der Stadt befindet sich jedoch links der Swine (Świna) – auf dem östlichen Zipfel Usedoms, der seit 1945 zu Polen gehört. In der beschaulichen Altstadt, auf der Strandpromenade und im Kurpark tummeln sich in den Sommermonaten Urlaubsgäste und bevölkern die zahlreichen Cafés, Bistros und Restaurants. Swinemünde ist nicht groß und lässt sich wunderbar zu Fuß oder mit dem Rad erkunden.

39 Altstadt Swinemünde ★★★ [G7]

Zwischen Strandpromenade und Hafenkai liegt das kleine, hübsch restaurierte Stadtzentrum von Swinemünde. Neben dem historischen Rathaus und der Christuskirche hat die Altstadt eine belebte Fußgängerzone mit netten Geschäften, Restaurants und Cafés zu bieten. Höhepunkt einer Besichtigungstour ist der beeindruckende Rundumblick von der Aussichtsplattform des Lutherkirchturms.

Der **Kleine Markt** (**Plac Wolności**) mit seinen hübschen Wasserspielen ist das unaufgeregte Zentrum der Swinemünder Altstadt und gleichzeitig ein beliebter Treffpunkt für Jung und Alt. In der umliegenden **Fußgängerzone** lässt sich eine Vielzahl kleiner Cafés, Geschäfte und Restaurants entdecken. Auch der Vater von **Theodor Fontane** wusste diese zentrale Lage wohl zu schätzen, als er 1827 die Adler-Apotheke am Kleinen Markt erwarb. Sein berühmter Sohn setzte der Stadt seiner Jugend später mit der biografischen Erzählung „Meine Kinderjahre“ ein **literari-**

sches Denkmal. Swinemünde, im Roman „Effi Briest“ als Kessin beschrieben, revanchierte sich seinerseits mit einer **Gedenktafel** an der Stelle, wo sich einst das Gebäude der Apotheke befand (ul. Marynarzy 7).

Direkt gegenüber ragt der Turm der 1792 fertiggestellten **Christuskirche (Kościół Chrystusa Króla)** in die Höhe. Sie war die erste evangelische Pfarrkirche Swinemündes. Seit dem Ende des Zweiten Weltkriegs wird sie als zentrales katholisches Gotteshaus der Stadt genutzt. Wahrlich nicht zu übersehen ist in ihrem Innern das **„Vergissmeinnicht“**, ein zwei Meter langes, von der Decke hängendes **Schiffsmodell.** Der Hamburger Kapitän Christian Heins erbaute es mit dem Vorsatz, es derjenigen Kirche zu vermachen, in der er einst getraut werden würde – und verliebte sich kurz darauf in eine Dame aus Swinemünde.

Eine andere Kirche wurde im Zweiten Weltkrieg beschädigt und verfiel in den folgenden Jahrzehnten. Nur der Turm der 1906 erbauten Martin-Luther-Kirche blieb erhalten. Er wurde renoviert und zur Aussichtsplattform umfunktioniert. Wer die 222 Stufen des **Lutherkirchturms (Wieża widokowa)** erklimmt, kann einen weiten Blick auf Swinemünde genießen und sich danach im **Turmcafé** (Cafe Wieża, s. S. 73) erholen.

Das älteste noch erhaltene Gebäude der Stadt – und gleichzeitig eines der schönsten – ist jedoch das historische **Rathaus.** Es wurde 1806 im Stil des Klassizismus erbaut, 30 Jahre später um einen Uhrenturm erweitert und beherbergt heute das sehenswerte **Museum für Hochseefischerei (Muzeum Rybołówstwa).**

■ **Christuskirche (Kościół Chrystusa Króla)** <085> pl. Kościelny 1, geöffnet: tgl. 10–18 Uhr

Swinemünde (Świnoujście)

- **Lutherkirchturm (Wieża widokowa)** <086> Ignacego Paderewskiego 7, geöffnet: tgl. 10–18 Uhr
- **Museum für Hochseefischerei (Muzeum Rybołówstwa)** <087> pl. Rybaka 1, www.muzeum.swi.pl, geöffnet: Juli, August Mo. 7–15, Di.–So. 10–18 Uhr, September–Juni Di.–Sa. 9–17, So. 10–15 Uhr, Eintritt: Dauerausstellung 17 zł, erm. 15 zł, So. Eintritt frei. Das Museum zeigt eine umfangreiche Ausstellung zur Hochseefischerei mit Schiffsmodellen, Navigationsgeräten, Tierpräparaten und vielem mehr. Im angrenzenden Aquarium gibt es Salz- und Süßwasserfische zu bestaunen. Der ganze Stolz des Museums ist unbestritten Piranhadame Kasia – mit ihren rund 40 Jahren ist sie der „höchstwahrscheinlich älteste Piranha Europas". Eine Etage darüber sind eine Sammlung zur Stadt- und Regionalgeschichte sowie regelmäßig Wechselausstellungen zu sehen.

40 Kurviertel Swinemünde ★★ [G7]

Als ältestes Seebad Usedoms ist Swinemünde auch die Wiege der Badekultur auf der Insel: Bereits 1824 bestritt es seine erste Saison. Von diesen Zeiten zeugen ein prächtiges altes Kurviertel und der vom preußischen Gartenarchitekten Peter Joseph Lenné entworfene Kurpark. Auf der Strandpromenade wird flaniert wie eh und je, allerdings geht es in Swinemünde eine Spur bunter und lebhafter zu als in den deutschen Seebädern.

Neben seiner gesundheitsfördernden Ostseelage machten Solefunde Swinemünde zu einem besonders wertvollen Kurort. Nur wenige Jahre nach der ersten Saison als Seebad entstand das heute über einhundertjährige Kurviertel mit seiner **prachtvollen Villenarchitektur,** das sich

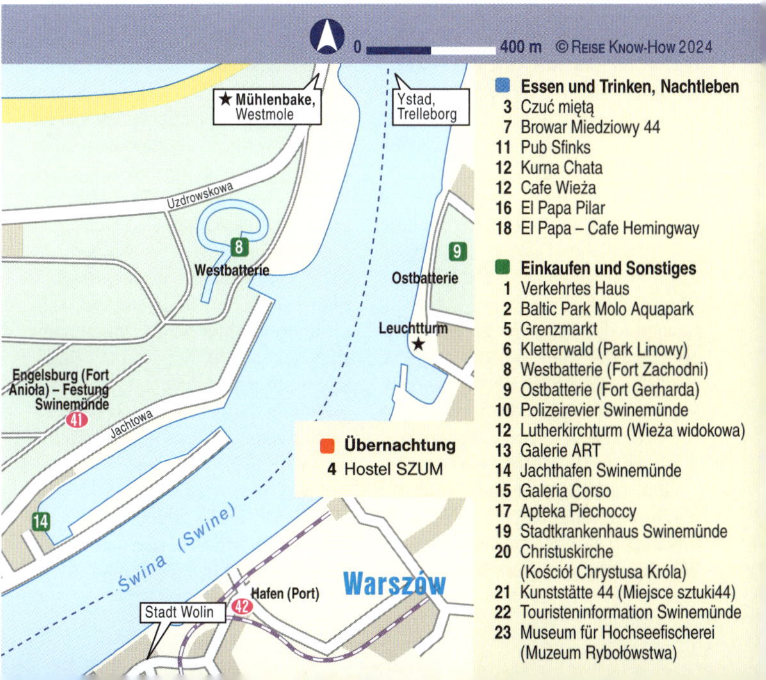

Stadtfähre

Seit dem 13. Jh. verkehren zwischen West- und Ostufer der Swinemündung Fähren. Sie waren die einzige Verbindung zwischen den Inseln Usedom und Wollin – bis 2023 ein lang gehegter Plan der Swinemünder wahr wurde: Ein Tunnel unter dem Fluss wurde gebaut (s. S. 71). Die kleine Fähre im Stadtzentrum wurde dennoch nicht eingestellt. Sie befördert weiterhin Fußgänger und Fahrradfahrer kostenlos von einem Ufer zum anderen. Zwischen 6 und 22 Uhr fährt sie zu jeder halben und vollen Stunde, nachts nur jede Stunde.

bei polnischen und deutschen Kurgästen nach wie vor großer Beliebtheit erfreut. In seiner Nachbarschaft wächst gegenwärtig sogar ein neues Kurviertel mit vielen Urlaubsappartements und Wellnesshotels.

Ein weiteres Relikt aus der beginnenden Bäderzeit ist der großzügige und gepflegte **Kurpark (Park Zdrojowy)**, der das Kurviertel mit der Altstadt 39 verbindet. Er wurde im 19. Jh. – ebenso wie die königlichen Gärten in Berlin und Potsdam – von **Peter Joseph Lenné** entworfen und verleiht Swinemünde ein beinahe herrschaftliches Flair. Viele der Bäume, die Anwohnern und Besuchern heute Schatten spenden, stammen noch aus der Entstehungszeit. In dieser **Oase der Ruhe** lassen sich herrliche Blumenrabatte, Kinderspielplätze, ein großzügiger **Kletterwald** und nicht zuletzt lauschige Ecken zum Träumen und Entspannen entdecken.

Vom Kurpark ist es nicht weit bis zur **Strandpromenade** mit ihren leicht kitschigen Springbrunnen, der Konzertmuschel sowie unzähligen Restaurants, Cafés und Souvenirständen. Wie am breiten Ostseestrand selbst pulsiert hier besonders abends bei **Musik und Tanz** das Leben.

- **Kletterwald (Park Linowy)** <088> ul. Jana Matejki/Ecke ul. Henryka Sienkiewicza, www.parklinowybluszcz.pl, geöffnet: Mai–Sept. tgl. 10–19 Uhr. Inmitten des Kurparks können Abenteurer in die Wipfel der Bäume klettern und sich auf unterschiedlich anspruchsvollen Wegen an Stahlseilen von Baumkrone zu Baumkrone schwingen, und das zu besonders günstigen Preisen.

41 Engelsburg (Fort Anioła) – Festung Swinemünde ★ [H7]

Swinemünde im Mai 1848: Vor der Stadt liegt bedrohlich nah eine dänische Fregatte, die den Hafen blockiert. Die Badesaison entwickelt sich denkbar schlecht, da man mit der ständigen Befürchtung lebt, die Dänen könnten die Stadt beschießen oder besetzen. In dieser Zeit beginnen die Swinemünder mit dem Bau einer Festung, die aus vier Werken (Teilen) beiderseits des Swineufers besteht. Drei dieser Verteidigungsanlagen sind heute noch erhalten und können besichtigt werden. Das vierte Werk wurde in den 1970er-Jahren im Zuge des Hafenausbaus abgetragen.

Die **Engelsburg (Fort Anioła)** am linken Swineufer diente ursprünglich dem Schutz der Stadt und des Hinterlands. Während des Nationalsozialismus wurde im zentralen Backsteinturm eine Radar- und Fernmeldestation eingerichtet. Nach dem Krieg nutzte die Rote Armee die En-

Eingang zur Engelsburg: eines von drei noch existierenden Festungswerken in Swinemünde

gelsburg noch bis 1992 als Beobachtungsposten. Ihren Namen erhielt die Befestigungsanlage übrigens, weil sie der päpstlichen Fluchtburg **Castel Sant'Angelo in Rom** verblüffend ähnelt. Nach dem Abzug der Sowjets verfiel das Werk, bis sich eine Gruppe Enthusiasten daranmachte, die Engelsburg zu restaurieren, ein **Café** sowie ein kleines **Museum** einzurichten und den Ort für Ausstellungen und kulturelle Veranstaltungen zu öffnen.

In der **Westbatterie (Fort Zachodni)** sind jede Menge **Militaria** aus der Geschichte der Swinemünder Festung ausgestellt. Wer sich für Militärtechnik begeistert, findet daran sicher Gefallen. Für alle anderen sind vor allem die riesigen **Kasematten** und der Betonkoloss des ehemaligen Befehlsstands aus dem Zweiten Weltkrieg sehenswert. Erbaut wurde die Westbatterie, um den Hafen vor Angriffen feindlicher Schiffe zu schützen.

Die **Ostbatterie (Fort Gerharda)** am rechten Swineufer gehört zu den best erhaltenen preußischen Artilleriefestungen. Sie sollte die Einfahrt der Swine schützen und Seeanlandungen verhindern. Heute ist sie ein **„lebendiges" Museum.** Als Besucher durchläuft man während des Rundgangs eine Grundausbildung zum preußischen Soldaten – inklusive Drill und Gebrüll des Vorgesetzten (zum Glück nur auf Polnisch). Eine Besichtigung ist jedoch auch ohne Führung möglich.

› Bus Linie A u. B oder Nr. 6 vom UBB-Bahnhof („Wojska Polskiego-Dworzec UBB") bis Haltestelle „Kapitanat Portu"

› **Engelsburg (Fort Anioła),** ul. Jachtowa dz. 158, geöffnet: April–Nov. Di.–So. 10–16 Uhr (je nach Wetter und Jahreszeit auch länger oder kürzer), Eintritt: 20 zł, erm. 14 zł

■ **Ostbatterie (Fort Gerharda)** <089> ul. Bunkrowa 2, mehrmals tgl. vom Anleger Swinemünde mit der Fähre der Reederei Adler erreichbar (s. S. 128, nicht im Winter), Fahrt inkl. Führung sowie Eintritt Fort Gerharda und Leuchtturm (s. S. 71): Erw. 40 zł, Kinder 30 zł

■ **Westbatterie (Fort Zachodni)** <090> ul. Jachtowa 1, geöffnet: Juni–Aug. tgl. 10–20 Uhr, Mai, Sept. tgl. 10–18 Uhr, April, Okt. tgl. 10–16 Uhr, Nov.–März tgl. 10–15 Uhr (wetterabhängig), Eintritt: 24 zł, erm. 20 bzw. 12 zł

043ud-mb

Der Luftangriff auf Swinemünde

In den Mittagsstunden des 12. März 1945 fand in Swinemünde ein Bombardement apokalyptischer Dimension statt, das mit dem Dresdens und Hamburgs vergleichbar ist. Die U.S. Air Force flog einen Angriff mit 661 Flugzeugen, der nicht nur den Marinehafen, sondern auch das nahe gelegene Stadtzentrum mit seiner historischen Bausubstanz (39) zerstörte und Tausende ziviler Todesopfer forderte.

Mehr als 75 Jahre nach dem verheerenden Angriff sind noch viele Fragen offen. Selbst Fakten wie die genauen Opferzahlen sind wegen der chaotischen Zustände bei Kriegsende nicht mehr im Detail zu klären. Fest steht, dass die hohe Zahl der Toten (mutmaßlich 6000–14.000) durch eine völlige Überfüllung Swinemündes bedingt war. Versprengte Heeresverbände und Flüchtlinge aus den Ostgebieten hatten hier Zuflucht gesucht. Nach Wochen der Flucht nutzten viele Hinterpommern, Ost- und Westpreußen in der Überzeugung, das Schlimmste überstanden zu haben, die Stadt für eine Rast. Ein fataler Trugschluss: Wie der Untergang der „Wilhelm Gustloff" für die in der See umgekommenen Flüchtlingsmassen steht, wurde Swinemünde zum Symbol der Apokalypse aus der Luft. Namhafte Experten bewerten den Angriff als Verstoß gegen das Kriegsvölkerrecht, da die hohe Anzahl ziviler Opfer zumindest billigend in Kauf genommen wurde. Sie betrachten die Bombardierung außerdem als eine Demonstration der amerikanischen Kampfmacht gegenüber der Sowjetarmee und damit als Vorboten des Kalten Krieges.

Das Leid der Opfer wurde durch die nachfolgende Erinnerungskultur instrumentalisiert. So wurde die zu DDR-Zeiten propagierte Opferzahl von 23.000 von vielen Publikationen weitgehend unreflektiert übernommen und erst in den letzten Jahren von der Wissenschaft als politisch motivierte Konstruktion der 1960er-Jahre entlarvt. In der Formulierung „Dreiundzwanzigtausend Tote des Zweiten Weltkrieges mahnen" floss sie auch in die Gestaltung der Gedenkstätte Golm (32) ein.

(42) Hafen (Port) ★ [H7]

Swinemündes Geschichte nahm vor über 250 Jahren ihren Anfang, als das Fahrwasser der Swine vertieft und an der Mündung des Stroms ein Hafen gebaut wurde. Fortan war der Handel über den Ostseehafen die Lebensader Swinemündes – und ist es neben dem Tourismus bis heute. Das rechte Swineufer wird vom Fähr- und Frachthafen sowie einem Flüssiggasterminal dominiert, während sich am linken Ufer der beschauliche Jachthafen und der Marinehafen befinden. Besonders sehenswert sind die Molen und Leuchtfeuer auf beiden Seiten des Flusses.

Rechts und links der Swinemündung erstrecken sich **steinerne Dämme** weit in die Ostsee hinein. Die **Westmole** ist etwa 250 Meter lang, die **Ostmole** sogar über 1200 Meter. Sie wurden in den Jahren 1818 bis 1824 aufgeschüttet, um eine Versandung des Hafens zu vermeiden und gleichzeitig zu gewährleisten, dass Schiffe auch bei Sturm sicher einlaufen können. Von den beiden Molen aus lässt sich wunderbar der Schiffsverkehr von Swinemünde beobachten – gegenwärtig ist jedoch der **Zugang zur Ostmole** wegen des Ausbaus des Containerhafens **gesperrt.** Nicht zugänglich ist auch der fast drei Kilometer lange Wellenbrecher östlich der Ostmole. Zusammen bilden die beiden Dämme rechts der Swinemündung den **Außenhafen für das Flüssiggasterminal.**

Am Ende der Westmole steht die 1873/74 erbaute **Mühlenbake (Stawa Młyny)** [H6], das in blütenreinem Weiß erstrahlende **Wahrzeichen Swinemündes.** Sie dient noch immer als Seezeichen für die ein- und auslaufenden Schiffe und kann daher **nur von außen besichtigt** werden. Ihr Pendant auf der Ostmole ist eine rote Bake aus dem Jahr 1991.

Das wichtigste Seezeichen Swinemündes ist der **Leuchtturm (Latarnia Morska) im Stadtteil Osternothafen (Chorzelin)** [H7] am rechten Ufer der Swine. Der fast 65 Meter hohe Turm wurde 1857 in Betrieb genommen und war seinerzeit der höchste

KURZ & KNAPP

Ein Tunnel entzweit Usedom

Bereits in den 1930er-Jahren gab es in Swinemünde den Plan, einen Tunnel unter der Swine zu graben. Doch der Krieg beendete das Vorhaben. Nun aber ist der Traum Wirklichkeit geworden: Nach gut drei Jahren Bauzeit wurde der 1,5 km lange Tunnel 2023 eröffnet. Knapp 200 Millionen Euro hat er gekostet – 85 Prozent übernahm die EU, den Rest die Stadt Swinemünde.

Die Autofähren südlich der Stadt, die so lange zum Alltag der Swinemünder gehörten, wurden eingestellt. Nur die Stadtfähre im Zentrum verkehrt noch (s. S. 68). Auf der deutschen Seite Usedoms sind die Sorgen groß, dass der Lkw-Verkehr nun weiter zunehmen könnte – erst recht, wenn der geplante Containerhafen (s. S. 72) gebaut werden sollte.

Einschränkungen rund um das Flüssiggasterminal

Russlands Angriffskrieg gegen die Ukraine hat in Świnoujście bestehende Ängste weiter verstärkt. Im April 2023 erklärte die Woiwodschaft Westpommern das Gelände um das LNG-Terminal zur **Sicherheitszone** und sperrte den Zugang. Terroristische Anschläge seien jederzeit zu befürchten, so die Begründung. Proteste der Anwohner gegen die Einschränkung des Tourismus blieben bisher folgenlos. So sind der **Leuchtturm** und die **Ostbatterie** (Fort Gerharda) nur noch per Fähre zu erreichen, die **Ostmole** und der **Strandzugang** nahe des LNG-Terminals sind gesperrt. Der **Radweg** zwischen Swinemünde und Misdroy ist über eine ausgewiesene alternative Zufahrtsstraße zu erreichen.

Blick vom Leuchtturm auf das LNG-Terminal Swinemünde

113ud-mb

Zukunftsvisionen jenseits des Tourismus

Tourismus und Hafenwirtschaft müssen Hand in Hand gehen – das bekräftigt Swinemündes Bürgermeister Janusz Żmurkiewicz, der seit über 20 Jahren die Geschicke der Stadt leitet. Angesichts gigantischer **Ausbaupläne für den Swinemünder Hafen** wachsen daran allerdings Zweifel.

Für große Aufregung sorgt das Vorhaben, ein gigantisches **Containerterminal** in Swinemünde zu errichten. Es wäre der zweitgrößte Containerhafen an der Ostsee. In den deutschen Ostseebädern auf Usedom befürchtet man nicht nur einen weiter zunehmenden **Lkw-Verkehr,** sondern auch erhebliche **Auswirkungen auf die Natur.** Wann der Hafen gebaut werden soll, ist noch unklar. Die Konflikte aber sind vorprogrammiert, denn auf einen Dialog mit den Betroffenen auf deutscher Seite setzt in Polen niemand.

Das könnte einen Grund haben: Als die **Erdgaspipeline Nordstream** von Russland nach Deutschland gebaut wurde – die übrigens wenige Kilometer westlich von Usedom bei Lubmin anlandet –, stießen polnische Bedenken auf völlig taube Ohren. Daher nahm Polen 2015 am Ostufer der Swine ein Flüssiggasterminal in Betrieb, um die eigene Abhängigkeit von russischem Erdgas zu brechen. Fünf Milliarden Kubikmeter lieferten Katar und die USA 2022 – etwa ein Drittel des polnischen Jahresbedarfs.

Nun begibt sich Swinemünde auf den Weg, ein bedeutender **Standort für erneuerbare Energien** zu werden. Wo bis 2021 die Reparaturwerft Gryfia ihren Platz hatte, soll bis 2025 der erste Montagehafen für Offshore-Windparks in Polen entstehen. Zudem ist eine Turbinenfabrik für Windkraftanlagen geplant.

Stimmen, die sich Sorgen um die Folgen für Natur und Tourismus machen, haben es ganz offensichtlich schwer auf Usedom – nicht nur in den auf Ruhe und Erholung bedachten deutschen Seebädern, sondern auch in Swinemünde.

Leuchtturm der Welt. Wer die knapp 300 Stufen erklimmt, kann einen der **schönsten Ausblicke** über Swinemünde genießen. Vom Leuchtturm aus werden zudem die Ausmaße des Industriehafens und des Flüssiggasterminals erkennbar. Knapp ein Fünftel des gesamten **polnischen Seehandels** wird über Swinemünde abgewickelt. Und mit etwa einer Million Passagieren pro Jahr verfügt die Stadt gleichzeitig über einen bedeutenden **Fährhafen.**

› **Leuchtturm (Latarnia Morska),** ul. Bunkrowa 1, Zutritt wie Ostbatterie (s. S. 69)

Infos und Reisetipps

■ **Touristeninformation Swinemünde (Centrum Informacji Turystycznej)** <091> pl. Słowiański 6/1, www.swinoujscie.pl, Tel. +48 91 3224999, geöffnet: Sept.–Juni Mo.–Fr. 9–17, Juli, Aug. Mo.–Fr. 9–17, Sa. 10–14 Uhr. Freundlich und kompetent informieren die deutschsprachigen Mitarbeiter über den Ort Swinemünde (Świnoujście) und die Insel Wollin. Hier erhält man alle wichtigen Infos zu Stadt- und Hafenrundfahrten und es gibt zahlreiche Infobroschüren, auch auf Deutsch, sowie einen kostenlosen Stadtplan.

Essen und Trinken

- **Cafe Wieża** <092> ul. Ignacego Paderewskiego 7, Facebook: Cafe Wieża, geöffnet: tgl. 10–18 Uhr, Eintritt für die Besteigung der Aussichtsplattform: 15 zł. Kuchen und Cappuccino sind wirklich lecker, haben allerdings auch ihren Preis. Wer sich davon nicht abschrecken lässt, genießt die Köstlichkeiten im Innern eines gemütlich und stilvoll eingerichteten Kirchturms.
- **Czuć miętą** <093> ul. Uzdrowiskowa 20, geöffnet: tgl. 10–19, in der Saison bis 20 Uhr. Direkt an der Strandpromenade gibt es herrliche Kuchen, Torten, Eisbecher und frische Waffeln (*gofry*). Auch optisch machen die Leckereien einiges her. Sehr zu empfehlen ist außerdem das reichhaltige Frühstück: Die Auswahl reicht von herzhaften Gerichten mit Rührei und Speck bis hin zu Müsli oder Haferbrei mit frischem Obst.
- **El Papa – Cafe Hemingway** <094> ul. Bohaterów Września 73, Facebook: elpapacafe, geöffnet: in der Regel tgl. 10–19 Uhr. Das moderne Café ist eine einzige Hommage an den berühmten Literaten Ernest Hemingway. Allerdings laufen ihm die unvergleichlich fantasievollen Torten, die von der Mutter der beiden Betreiber kreiert werden, regelmäßig den Rang ab.
- **El Papa Pilar** € <095> ul. Bohaterów Września 83b, Facebook: elpapapi lar, geöffnet: tgl. 12–22 Uhr. Wenn die Sonne strahlt, der Blick zu den Fontänen in der Swinemünder Altstadt schweift und das kühle Craftbier serviert ist, muss man sich entscheiden: Zander mit schwarzen Linsen, Kaninchenrouladen, Zucchini mit Buchweizenrisotto oder doch das Rindersteak? Lecker und liebevoll angerichtet sind die Gerichte allesamt. Wer also moderne, originelle polnische Küche sucht, ist im El Papa Pilar genau richtig.
- **Kurna Chata** € <097> ul. Piłsudskiego 20, geöffnet: Mo.–Fr. 12–22, Sa., So. 11–22 Uhr. In diesem urgemütlichen Restaurant werden von in traditionellen Trachten gekleidetem Servicepersonal riesige Portionen typisch polnischer Küche serviert. Besonders zu empfehlen sind die dampfenden, frischen *pierogi,* die es auch in „kleinen" (absolut ausreichenden) Portionen gibt, sowie die frischen Fischgerichte und Spezialitätenplatten. Wenn die kleine „Bauernhütte" mal wieder überfüllt ist, findet sich in Richtung Strandpromenade (ul. Piłsudskiego 45) inzwischen ein zweites Restaurant im Stil der Kurna Chata.

Einkaufen

- **Galeria Corso** <098> ul. Dąbrowskiego 5, www.galeriacorso.pl, geöffnet: Mo.–Sa. 9–21 Uhr. Einkaufsgalerie mit internationalen Schuh- und Modeketten, Drogerie, Sportartikelgeschäft und Technikmarkt sowie einem Kino (Filme laufen oft im Original mit polnischen Untertiteln). Die Galeria Corso ist zwar nicht groß, aber die einzige moderne Shoppingmall auf Usedom.
- **Grenzmarkt** <099> ul. Wojska Polskiego. Nur wenige hundert Meter hinter der deutsch-polnischen Grenze beginnt ein Touristenmarkt, auf dem es fast alles zu kaufen gibt, was deutsche Urlauber angeblich begehren: Gartenzwerge, geflochtene Körbe, CDs und DVDs, Erzeugnisse aus Glas und Kristall, Kleidung und natürlich, wie überall zu lesen ist, „billige Zigaretten".
- ❯ **Markt „Pod Zegarem"** <100> ul. Kołłątaja 4 a, geöffnet: Mo.–Sa. 8–17 Uhr. Frisches saisonales Obst und Gemüse aus der Region gibt es in großer Auswahl auf dem Markt „Unter der Uhr". Im Herbst werden auch Pilze aus den Wäldern der Umgebung verkauft.

KURZ & KNAPP

Tollwütige Hunde, die beißen

Wodka, Himbeersirup und Tabasco – das sind die Zutaten des **„Tollwütigen Hundes“ (Wściekły Pies).** Als der Swinemünder Gastronomiebetreiber Darek Ryżczak den bissig-scharfen Cocktail 1994 zum ersten Mal mixte, konnte er nicht ahnen, dass dieser bald in ganz Polen zum Hit werden sollte. Zeitweise wurden deswegen sogar Himbeersirup und Tabasco knapp. (Fast) jede Bar in Swinemünde führt den Cocktail. Den großen Geldsegen aber verpasste der Erfinder, denn Ryżczak versäumte es, sich seine Kreation schützen zu lassen …

☑ *Zum Abschied einen „Tollwütigen Hund“ auf Darek Ryżczak: Dziękujemy! Na zdrowie!*

079ud-ab

Galerien

- **Galerie ART** <101> ul. Wojska Polskiego 1/1, geöffnet: Di.–Sa. 12–18 Uhr, Eintritt frei. Auf dem Weg vom UBB-Bahnhof zur Altstadt passiert man diese Galerie, die wechselnd zeitgenössische Künstler aus Polen und dem Ausland ausstellt.
- **Kunststätte 44 (Miejsce sztuki44)** <102> ul. Armii Krajowej 13, Facebook: miejscesztuki44, geöffnet: Mo.–Fr. 12–16 Uhr, Eintritt frei. Eine interdisziplinäre Plattform, die sich mit wechselnden Ausstellungen dem Selbstverständnis der Gegenwartskunst im deutsch-polnischen Grenzland widmet.

Nachtleben

- **Browar Miedziowy 44** <103> Zdrojowa 6, Facebook: miedziowy44, geöffnet: Mo.–Do., So. 14–22, Fr., Sa. 16–24 Uhr. Das Lokal ist für seine große Auswahl an Bierspezialitäten bekannt, auch die rustikale Küche ist zu empfehlen. Fr., Sa. gibt es Motto-Partys, Livekonzerte oder DJs legen auf – ein Blick in das aktuelle Veranstaltungsprogramm lohnt sich.
- **Pub Sfinks** <104> ul. Wojska Polskiego 1/19, Facebook: PubSfinks. Angenehmes Ambiente, entspannte Atmosphäre und nette Musik. Gute Auswahl an Getränken zu moderaten Preisen.

Weitere Attraktionen

- **Baltic Park Molo Aquapark** 🯅 <105> al. Baltic Park Molo 4, www.zdrojowahotels.pl/de/baltic-park-molo-aquapark, geöffnet: tgl. 9–21 Uhr, Eintritt (ohne Sauna): 3-Stunden-Ticket Erwachsene 75 zł (Nebensaison 65 zł), Kinder 55 zł (45 zł), Tageskarte Erwachsene 115 zł (100 zł), Kinder 75 zł (65 zł). Wenn das Meerwasser zu kalt ist, dann ab in den Aquapark unter dem Hotel Radisson Blu an der Promenade (der Eingang ist etwas

versteckt, es ist die Tür mit dem kleinen blauen Wal). Auf kleinem Raum gibt es alles, was ein Spaßbad bietet: Kinder- und Entspannungszonen, 25-m-Becken, vier große Rutschen (auf der roten Rutsche rauscht man aus der 4. Etage des Hotels hinunter ins Becken), eine Indoor-Surfanlage und einen Saunabereich.

- **Verkehrtes Haus (Dom do Góry Nogami)** <106> Promenade (neben der Konzertmuschel), geöffnet: Mo.–Fr. 10–18, Sa., So. 10–20 Uhr, Eintritt: 19 zł, bis 12 Jahre 17 zł. Die Welt steht Kopf – und das ist, zumindest in Swinemünde, ziemlich lustig! Das Holzhaus an der Promenade steht auf dem Dach, der Kühlschrank hängt an der Decke, ebenso die Toilette und irgendwie ist alles schief. Ein netter Spaß, um ein paar Minuten mit dem Gleichgewichtssinn zu kämpfen und witzige Fotos zu knipsen.
- › **Wegebahn,** tgl. 9.30–15.35 Uhr, Fahrpreis: 9 €, erm. 7 €, Rundfahrt ca. 1 Std., auch Teilstrecken sind möglich, www.cyrus-tours.pl/de/swinemunde. Stadtrundfahrten durch Swinemünde sowie Ausflüge u. a. nach Heringsdorf, Ahlbeck, Misdroy und auf die Insel Wollin. Offene, kleine Dieselloks kutschieren die Gäste im Schneckentempo über die Insel, wobei deutschsprachige Infos vom Band die Sehenswürdigkeiten an der Strecke vorstellen. Die Waggons sind für Menschen mit eingeschränkter Mobilität und für die Mitnahme von Kinderwagen geeignet. Weitere Informationen und den aktuellen Fahrplan bekommt man in der Touristeninformation (s. S. 72).

Ein wackeliger Besuch im Verkehrten Haus

Strände in Swinemünde (Świnoujście)

Der **feinsandige Strand** von Swinemünde ist mit seinen durchschnittlich 40 Metern der **breiteste Strandabschnitt** auf ganz Usedom und an der gesamten polnischen Ostseeküste. Während andernorts auf der Insel durch Naturgewalten Ufer und Steilküsten schwinden, wächst er durch Sandanspülungen jährlich um einige Zentimeter an. Sein sich schnell erwärmender **Flachwasserbereich** ist ideal für das Baden mit **Kindern** und wenn es andernorts schon herbstlich-kühl wird, kann man es in Swinemünde immer noch ein bisschen länger in der Ostsee aushalten.

Im Unterschied zu den deutschen Seebädern sind Strandkörbe hier eher eine Seltenheit; die meisten Badegäste haben **eigene Decken** und bunte Trennwände im Gepäck. Am und um den Strand herum locken in der Hauptsaison Hüpfburgen, Sportangebote, Tanz und Musik bis in die späten Abendstunden Besucher an und verwandeln den Strand fast schon in einen **Freizeitpark.** Eine besondere Attraktion sind die **handzahmen Schwäne** – leider aber auch die ähnlich distanzlosen **Wildschweine,** die insbesondere in der Dämmerung ihr Unwesen treiben.

045ud-ab

43 Insel Kaseburg (Karsibór) ★ [H8]

Das Eiland im Swinedelta ist Teil der „44 Inseln“, die in Polen nicht umsonst zu den beliebtesten Urlaubsregionen zählen. Im Zuge des Baus der Kaiserfahrt (Kanal Piastowski), eines Verbindungskanals zwischen Swine und Oder, entstand Kaseburg (Karsibór) um 1880 durch Abtrennung vom östlichen Teil der Insel Usedom.

Erreichbar ist das **malerische Naturparadies** von der Insel Wollin aus über eine am ehemaligen U-Boot-Hafen vorbeiführende Hochbrücke über die Alte Swine. Kaseburg ist im wahrsten Sinne des Wortes **„plattes Land“** und dadurch ideal für **Radtouren.** Insbesondere Natur- und Vogelfreunde kommen hier auf ihre Kosten. Ein ganz besonderer Blick auf die riesigen Wildschwärme eröffnet sich auch **Wassersportlern,** wenn sie nahezu lautlos durch die Nebenarme der Swine paddeln. Ein optimaler Ausgangsort hierfür ist die **Marina Karsibór.**

Auch mit einigen Sehenswürdigkeiten kann die kleine Insel aufwarten: Inmitten dichter Wälder befindet sich ein **Denkmal aus Trümmerteilen** eines 1945 über der Kaiserfahrt abgeschossenen Bombers der britischen Royal Air Force. Es dient als symbolische Grabstätte für die Besatzungsmitglieder, die erst am Absturzort beigesetzt, 1946 aber auf einen Friedhof in Posen umgebettet wurden. Auf dem **evangelischen Friedhof** von Kaseburg lassen sich ungeachtet seines teilweise maroden Zustandes noch viele Inschriften entziffern und – trotz der Bemühungen eifriger Schrottdiebe – kunstvoll geschmiedete Grabeinfassungen aus dem 19. Jh. bewundern. Sehenswert ist auch die **Kirche der Heiligen Maria** aus dem 15. Jh., die Anfang des 19. Jh. nach Plänen Karl Friedrich Schinkels umgebaut wurde und sich unmittelbar an der zentralen Dorfstraße befindet. **Kunstvolle Hausfassaden** zieren den Weg dorthin.

› **Marina Karsibór** € <107> ul. 1. Maja 5 a, www.karsibor.com.pl. Rustikal-vorzügliche Gerichte mit Schwerpunkt auf Fisch. Dieser wird so fangfrisch zubereitet, dass man ihn bei Bedarf vor dem Mahl noch kennenlernen kann. Außerdem werden Kanus, Kajaks und etwas schwergängige Tretboote in Tierform verliehen. Unregelmäßig finden Rundfahrten in einem verglasten Katamaran statt.

Insel Wollin (Wolin)

Wollin (Wolin) ist die größte Insel Polens – und im Vergleich zu Usedom weit weniger dicht besiedelt. Das macht das Eiland zu einem Paradies für Naturfreunde: Weite Sandstrände, steile Küsten an Ostsee und Stettiner Haff, urwüchsige Wälder und eine bezaubernde Seenlandschaft verleihen der Insel ihren Reiz. Im Hinterland erstrecken sich Wiesen und Felder und mittendrin liegen einige kleine Dörfer. Nur im kleinen Ostseebad Misdroy mit seiner Promenade und Seebrücke herrscht Trubel – zumindest während der Sommersaison.

Verfallene Hausfassaden: Zeugen einer wechselvollen Geschichte

Der Misdroyer Strand zählt zu den beliebtesten Badestellen in Polen

44 Misdroy (Międzyzdroje) ★★ [K6]

Ganz so gediegen wie die Usedomer Kaiserbäder ist Misdroy (Międzyzdroje) nicht. Das polnische Ostseebad ist quirliger, seine Promenade auch spät abends noch belebt und seine Clubs haben die ganze Nacht über geöffnet. Bars, Imbissstände, Fischbuden und Straßenmusikanten prägen das Bild. Nach Misdroy kommen Badegäste aus ganz Polen, die den breiten, feinen Sandstrand und die Erholungsmöglichkeiten im nahegelegenen Nationalpark Wollin 45 schätzen. Aber auch auf Gäste aus Deutschland ist man gut 15 Kilometer östlich von Swinemünde eingestellt.

Das Herz des Städtchens schlägt an der **Seebrücke (Molo)**. Sie ragt 395 Meter ins Meer und gleicht zur Hochsaison einem Rummelplatz. Über eine Passage mit Geschäften, Bars und Restaurants gelangt man auf den Seesteg, unter dem sich auch zwei bekannte **Clubs** (Dechy und Pa-

047ud-mb

046ud-mb

radise, s. S. 80) befinden. Um den Platz vor der Seebrücke reihen sich eine Freilichtbühne und das Haus der Kulturen mit seinen regelmäßigen Veranstaltungen, ferner ein Planetarium und ein Wachsfigurenkabinett.

Von der Seebrücke führt die **Promenade der Stars (Promenada Gwiazd)** nach Nordosten bis zum Fuß des Kaffeebergs (Kawcza Góra, s. Wolliner Steilküste 46). An ihr finden sich das sehenswerte **Oceanarium**, allerhand Imbisse, Restaurants, Bars und Verkaufsbuden sowie das 1991 erbaute Viersternehotel Amber Baltic, wo jedes Jahr im Juli ein Großteil des Misdroyer Filmfestivals (Festiwal Gwiazd) stattfindet. Auf das Festival ist auch die **Allee der Stars (Aleja Gwiazd)** vor dem Hotel zurückzuführen, auf der sich polnische Filmstars mit ihren Handabdrücken verewigt haben. Zum **Flanieren** laden zudem die kleine **Fußgängerzone Światowida** und der **Neptunplatz (Plac Neptuna)** unweit der Seebrücke ein.

Misdroys **Geschichte als Ostseebad** reicht zurück bis in die 1830er-Jahre, als die ersten Badegäste aus Swinemünde (Świnoujście) und Heringsdorf 36 in das kleine Fischerdorf kamen. Alsbald errichtete man ein Damen- und ein Herrenbad, die ersten Villen entstanden und 1862 wurde die Misdroyer Kirche eingeweiht. Eine erste hölzerne Seebrücke wurde 1885 errichtet; ab 1899 war Misdroy endlich an das Eisenbahnnetz angeschlossen. Kurzum, zur Jahrhundertwende hatte sich Misdroy in ein vornehmes Seebad verwandelt, das für Berliner ebenso wie Stettiner schnell erreichbar war.

Der **erste Badegast** soll sich aber bereits 1780 in Misdroy in die Wellen geworfen haben – zu einer Zeit, als das Baden im offenen Meer für Einheimische noch eine abwegige Idee war. Ein Verwandter des örtlichen Pastors aus dem Binnenland habe, so erzählt der Misdroyer Chronist August Zöllner, den drängenden Wunsch geäußert, in der Ostsee zu schwimmen, um so seine Leiden zu

Beliebte Flaniermeile: der Eingang zur Seebrücke (Molo) in Misdroy 44

lindern. Der Pastor war ratlos, doch schließlich band sich der Gast eine Wäscheleine um den Leib, der am Ufer stehende Küster hielt das andere Ende und sicherte ihn so bei seinem gewagten Unterfangen, in der Ostsee zu baden.

› **Oceanarium Międzyzdroje** <108> ul. Bohaterów Warszawy 16B, www.oceanarium.com.pl, geöffnet: tgl. 10–17 Uhr, Eintritt: 70 zł, erm. 60 zł. Eintauchen in die farbenfrohe Welt der Fische – von Clownfischen bis zu Haien. Höhepunkt ist das 16 Meter lange Tunnelaquarium. Das Oceanarium ist barrierefrei und verfügt über ein gemütliches Café.

Infos und Reisetipps

› **Touristeninformation Misdroy (Informacja Turystyczna)** <109> ul. Promenada Gwiazd 2, www.miedzyzdroje.pl (nur auf Polnisch), Tel. +48 603 460055, geöffnet: Juli, Aug. tgl. 9–17, Sept.–Juni Sa., So. 8–16 Uhr. Unweit der Seebrücke erfährt man in der kleinen Touristeninformation Wissenswertes zu Misdroy, es gibt kostenlose Stadtpläne und die deutschsprachigen Mitarbeiter haben Ausflugstipps für die Insel Wollin parat.

Essen und Trinken

› **Pub & Restaurant Baron** €€ <110> pl. Neptuna 5a, www.baronmiedzyzdroje.pl, tgl. 9–23 Uhr, Nebensaison kürzer. Wer es bei Carmen (s. u.) zu kitschig findet, ist beim Baron direkt gegenüber ebenso gut aufgehoben. Gute, rustikale Küche und Pizza. Frühstück wird bis 12 Uhr serviert.

› **Restauracja Carmen** €€ <111> pl. Neptuna 6, www.restauracja-carmen.pl, tgl. 9–22 Uhr, Nebensaison kürzer. Auf der Suche nach einem gemütlichen Restaurant abseits des Trubels? Auf zum Neptunplatz! Bei Carmen gibt es moderne polnische und mediterrane Küche. Für romantische Stimmung sorgen viele Blumen und ein allgegenwärtiges Altrosa.

Mein Tipp

Ein Besuch in der unterirdischen Stadt

Wenige Meter vom Strand entfernt befindet sich im Kiefernwald zwischen Swinemünde und Misdroy eine lange Zeit geheime unterirdische Stadt. Sie lässt sich nur im Rahmen einer (polnischsprachigen) Führung besichtigen, die ein sachkundiger und humorvoller, aber auch strenger „Kommandant" übernimmt. Auf der Website gibt es einen informativen Flyer auf Deutsch.

Die unterirdische Stadt besteht aus fünf Bunkern, die Ende der 1930er-Jahre von der deutschen Kriegsmarine als „Batterie Vineta" errichtet worden waren und in den 1960er-Jahren von der polnischen Armee durch ein Tunnelsystem verbunden wurden. Während des Kalten Kriegs befand sich dort eine geheime Kommandozentrale der Polnischen Volksarmee.

› **Unterirdische Stadt auf der Insel Wollin (Podziemne Miasto na Wyspie Wolin)** <112> nahe der Bahnstation „Świnoujście-Przytór", www.podziemne-miasto.pl, Zeiten der polnischsprachigen Führungen s. Website, Eintritt: 30 zł, erm. 20 zł

049ud-mb

Essen mit Meeresrauschen im Restauracja Port (s. S. 80)

› **Restauracja Port** € <113> Promenada Gwiazd 13, www.port-miedzyzdroje.pl. Im alten Gebäude der Seenotrettung Misdroy am Fuße des Kaffeebergs, nur 20 Schritte vom Strand entfernt, logiert das rustikal eingerichtete Restaurant Port. Fisch – gebraten oder aus dem Ofen – ist die Spezialität des Hauses. Besonders einladend ist die Terrasse direkt am Strandzugang.

Nachtleben

› **Dechy** und **Paradise** <114> Unter der Seebrücke, Facebook: DechyPodMolo, clubpodmolo. Auf den Brettern *(dechy)* unter der Seebrücke lässt sich bei Livemusik, einem kühlen Getränk in der Hand und mit Blick durch die Panoramafenster der Sonnenuntergang beobachten. Wer es aktiver mag, muss „nur" die Türsteher des benachbarten Paradieses überwinden, wo die Partys von Misdroy steigen.

› **Place Cocktail Bar** <115> Strandaufgang C am Hotel Amber Baltic. Gemütliche Strandbar direkt am Meer. Cocktail bestellen, Liegestuhl ausrichten und den Sonnenuntergang genießen!

Die Sage von der Seeräuberin Stina

„Auf dem Jordansee hat vor langer Zeit eine Räuberbande unter der Anführung eines Fräuleins mit Namen Stina gehaust. Stina war vorher Mamsell auf einem in der Nähe gelegenen großen Gute gewesen. Dort hatte der Besitzer versucht, sie zu verführen; aber Stina widersetzte sich ihm, ergriff ein großes Küchenmesser und erstach jenen. Aus Furcht vor Strafe verließ sie das Gut und sammelte nun eine Schar kühner und verwegener Männer um sich, die sie als Räuberschar organisierte. Ihr Grundsatz war, nur die Reichen und Wohlhabenden zu berauben, aber die Armen ungeschoren zu lassen. Alle Güter in der Umgegend, insbesondere auch das Gut, auf dem sie früher Mamsell gewesen war, plünderte sie aus und verbreitete weithin Angst und Schrecken.

Eines Tages entdeckte sie einen bis dahin ganz unbekannten Ausweg vom Jordansee zur Ostsee hin. Da verschaffte sie sich Schiffe und ließ die Mitglieder ihrer Bande nun auch Seeraub treiben, und bald war der Name der Seeräuberin Stina im ganzen Küstengebiet der Ostsee verbreitet. Eine Anhöhe an der Küste diente Stina als Ausguck, und wenn sie auf See ein Kaufmannsschiff erblickte, das Beute verhieß, so führte sie ihre Raubschiffe auf das Meer hinaus, überfiel die ruhig ihre Straße ziehenden friedlichen Schiffe und plünderte sie vollständig aus. Die Beute verbarg sie in einer Höhle, die sich auf der Insel inmitten des Jordansees befindet. Den Eingang zu der Höhle bewachten zwei zähnefletschende Hunde.

Einmal fuhr ein Kauffahrteischiff an der Nordküste der Insel Wollin entlang; das Schiff hatte mit schwerem Seegang zu kämpfen, und da es schon einen Mast verloren hatte, wollte es eine Notlandung versuchen. Bald war Stina mit ihren Leuten zur Stelle. Als sie an das in Not befindliche Schiff herangekommen waren, gaben sie sich für Misdroyer Fischer aus, die Hilfe bringen wollten. An Bord gelangt, zeigten sie sich aber in ihrer wahren Natur. Die Besatzung wurde gebunden, und alles, was irgendwie von Wert war, wurde geraubt. Unter den Leuten des überfallenen Schiffes befand sich aber ein Brautpaar, und als es nun offenbar war, dass Seeräuber auf das Schiff gekommen waren, zog sich die Braut Männerkleider an und

45 Nationalpark Wollin (Woliński Park Narodowy) ★★★ [K7]

Am südlichen und östlichen **Ortsrand von Misdroy (Międzyzdroje)** 44 eröffnet sich eine kleine Zauberwelt der Natur. Für Wanderer und all jene, die ein wenig Ruhe vom Trubel der Zivilisation suchen, ist der Nationalpark ein wahres Paradies. **Wanderwege** führen entlang der schroffen Küste von Ostsee und Stettiner Haff, zum Türkissee 48 (s. Wanderung 2 auf S. 92) oder zur Seenlandschaft südlich von Neuendorf (Wisełka) 51. Wichtig für alle **Besucher mit Hund:** Die Vierbeiner dürfen nicht mit in den Nationalpark genommen werden.

Insgesamt steht gut ein Sechstel der Landschaft auf Wollin unter Naturschutz. Hinzu kommen noch die 44 Inseln im Swinedelta und die küstennahen Meeresgewässer. Besonders sehenswert ist das **Wisent-Schaugehege** 47, wo zwischen dunklen Buchenhainen die Könige der Wälder herrschen – zumindest auf den ihnen zugestandenen 20 Hektar des Reservats.

Bei schlechtem Wetter ist das zum Nationalpark gehörige **Naturkundemuseum (Muzeum Przyrodnicze)** in Misdroy eine lohnende Alternative zum Ausflug in die abwechslungsreiche Tier- und Pflanzenwelt der Insel Wollin.

- www.wolinpn.pl/kup-bilet, Eintritt: 7 zł, erm. 3,50 zł (für den Zugang zu den Stränden in Wisełka und Swinemünde ist kein Ticket erforderlich). Tickets sind im Naturkundemuseum, im Wisent-Schaugehege oder online erhältlich.
- **Naturkundemuseum (Muzeum Przyrodnicze)** <116> ul. Niepodległości 3 a, www.wolinpn.pl, geöffnet: Mai–Sept. Di.–So. 9–17 Uhr, Okt.–April Di.–Sa. 9–16 Uhr, Eintritt: 8 zł, erm. 6 zł

46 Wolliner Steilküste ★★ [K6]

Ein besonders **beeindruckendes Naturerlebnis** bietet die Wolliner Steilküste. Sie erstreckt sich von Misdroy (Międzyzdroje) 44 bis Neuendorf (Wisełka) 51 und gewährt von ihren höchsten Erhebungen aus eine **pittoreske Aussicht auf die Ostsee.**

Etwa 700 Meter nordöstlich von Misdroy (Międzyzdroje) 44 erhebt sich der **Kaffeeberg (Kawcza Góra)**, von dem aus eine **Holztreppe** am stei-

gab sich für einen Kaufmannslehrling aus, während sie ihren Bräutigam als ihren älteren Bruder bezeichnete. Beider Leben wurde verschont, denn Stina entbrannte in heißer Liebe zu dem verkleideten angeblichen Jüngling, dessen wahres Geschlecht ihr unbekannt war. Aber Stina drang darauf, dass die beiden jetzt auch Seeräuber würden und an allen Raubfahrten teilnahmen. Damit waren sie keineswegs einverstanden, und eines Nachts entflohen sie heimlich aus dem Räuberversteck und entkamen auch glücklich nach Hamburg, wo sie sich heirateten.

Da sie alle Schlupfwinkel und Heimlichkeiten der Seeräuber kannten, so teilten sie alles der Polizei mit, und diese schickte Leute ab, die das Raubnest ausnahmen. Alle Räuber und auch ihre Anführerin Stina wurden im Jordansee ertränkt. Die auf dem See wachsenden Seerosen sind die Geister der im See ertränkten Räuber."

Aufgezeichnet nach mündlicher Mitteilung des Bootsverleihers am Jordansee von Ernst Holzfuß vom Stettiner Museum für Naturkunde (1927).

len Ufer hinunter zum Strand führt (Treppe **derzeit gesperrt**, s.S.92). In deutscher Zeit befand sich auf dem Kaffeeberg ein Waldrestaurant, dem die Anhöhe ihren Namen verdankt. Der höchste Punkt an der Wolliner Steilküste ist allerdings der **Gosanberg (Wzgórze Gosań)**. Zu dem 93 Meter hohen Aussichtspunkt gelangt man über einen von Buchen gesäumten Weg von einem Parkplatz an der B 102. Im Wald zwischen der Straße von Misdroy nach Neuendorf und dem Meer befindet sich darüber hinaus der sagenumwobene **Jordansee (Gardno)**, bei dem sich die Seeräuberin Stina und ihre Bande versteckt gehalten haben sollen (s.S.80). **Theodor Fontane** empfand ihn einst als schönsten See im nördlichen Deutschland – still, dunkel, einsam, von Kiefern eingeschlossen und unpassierbar –, bis guter Wille und wenig Geschmack dieses kostbare Stück Natur zerstört hätten. Verfaulte Baumstümpfe und Seerosen seien verschwunden, statt ihrer gleite nun ein Kahn über die glatte Wasseroberfläche, so Fontane. Er wurde erhört: Heute ist der See mit einem Draht umzäunt, der ihn vor ungebetenen Gästen schützen soll.

47 Wisent-Schaugehege (Zagroda Pokazowa Żubrów) ★★ [K6]

Einen halbstündigen Spaziergang entfernt vom geschäftigen Treiben an der Seebrücke in Misdroy (Międzyzdroje) 44 lockt die **wohl größte Attraktion des Nationalparks Wollin** 45: das Wisent-Schaugehege. Seit 1976 werden die beinahe ausgestorbenen Wildrinder dort gezüchtet. Ursprünglich lebten sie in den Urwäldern Europas. Doch als der Mensch im frühen Mittelalter den Lebensraum der Wisente eroberte, rottete er die zotteligen Rinder allmählich aus. Die letzten Flachlandwisente in freier Wildbahn wurden 1919 im östlichen

⌃ Die Wolliner Steilküste 46 lädt zur Strandwanderung ein

Polen gesichtet, der letzte wilde Bergwisent 1927 im Kaukasus erlegt.

Alle heute lebenden Wisente stammen von lediglich zwölf in Zoos gepflegten Tieren ab. Inzwischen gibt es wieder über 5000, von denen fast zwei Drittel in freier Natur leben. Neben den Wildrindern kann man im Schaugehege auch **Seeadler, Wildschweine, Hirsche** und **Rehe** beobachten. Ein **kostenloser Audioguide in deutscher Sprache** führt sehr informativ von Gehege zu Gehege.

› Eingänge zum Nationalpark Wollin 45 am Ende der ul. Leśna oder ul. Zwycięstwa/Ecke ul. Ludowa, anschließend dem Wanderweg etwa eine Viertelstunde folgen, geöffnet: Mai-Sept. Di.-So. 10-18 Uhr, Okt.-April Di.-Sa. 8-16 Uhr, Eintritt: 8 zł, erm. 6 zł

48 Türkissee (Jezioro Turkusowe) ★★ [K8]

Ein Ausflug an den Türkissee im sechs Kilometer südlich von Misdroy 44 gelegenen **Dorf Kalkofen (Wapnica)** lohnt sich. Der See schimmert blaugrün, sobald sich das Sonnenlicht im klaren Wasser bricht und vom weißen, kalkhaltigen Grund reflektiert wird. Entstanden ist dieser wohl schönste See des Nationalparks Wollin 45 erst 1954, als die **Fördergrube der Zementfabrik Lebbin** aufgegeben wurde und sich langsam mit Wasser füllte. Schon lange war der Kalkabbau auf Wollin nicht mehr rentabel gewesen.

Heute führt ein **Wanderweg** um den malerischen See (s. Wanderung 2 auf S. 92, dort auch Angaben zur Anfahrt). Von der höchsten Erhebung des Rundwegs, dem 53 m hohen **Sandberg (Piaskowa Góra)** aus, eröffnet sich ein Panorama über den See und den Ort Kalkofen. Folgt man dem Wanderweg nach Lebbin (Lubin) 49, sollte man auch den kurzen Aufstieg zum 52 m hohen **Blätterberg (Wzgórze Zielonka)** nicht scheuen, denn von dort aus blickt man weit über das Stettiner Haff und das Swinedelta bis hinüber zur Ostsee.

49 Lebbin (Lubin) ★★★ [K8]

Lebbin (Lubin) ist ein eher unscheinbares Dorf am Stettiner Haff. Lediglich seine imposante Backsteinkirche fällt Besuchern auf Anhieb ins Auge. Dennoch ist der Ort eines der reizvollsten Ausflugsziele auf Wollin. Denn nirgendwo sonst auf der Insel erlebt man eine solch überwältigende Fernsicht wie von der Lebbiner Steilküste.

Von den **Überresten eines bronzezeitlichen Burgwalls (Grodzisko)** aus eröffnet sich ein Panorama schilfbewachsener Inseln im Swinedelta. Deutlich ist der Gesang der dort nistenden Vögel zu vernehmen. Genießen lässt sich dieser **atemberaubende Blick** von einer **hölzernen Plattform** oder von dem benachbarten kleinen **Café Grodzisko** aus – mehr als 50 Meter über dem Stettiner Haff.

Historisch gesehen ist Lebbin von einiger Bedeutung. Auf dem bronzezeitlichen Wall befand sich zwischen dem 10. und 12. Jh. eine **Burg**, die innerhalb des Verteidigungssystems der Insel Wollin eine wichtige Funktion besaß. Sie wurde vermutlich 1173 bei einem Feldzug des dänischen Königs zerstört. Als vor einigen Jahren Stettiner Archäologen auf dem Gelände gruben, legten sie die Überreste einer von Bischof Otto von Bamberg 1124 auf einer Missionsreise geweihten **Kirche** frei. Sie gilt heute als älteste Kirche Pommerns.

Im 19. Jh. war Lebbin ein prosperierender Ort. Der Stettiner Unternehmer Johannes Quistorp (1822–99) kaufte 1855 den **Kalkofen Lebbin** und baute ihn zur zeitweise **größten Zementfabrik Europas** aus. Etwa 600 Menschen sollen dort beschäftigt gewesen sein. Außerdem wurden etwa 150 Werkswohnungen, ein Witwenhaus und ein Genossenschaftskaufhaus gebaut sowie ein Arbeiterbildungsinstitut eröffnet. Nach dem Zweiten Weltkrieg wurden die Förderanlagen demontiert und in die Sowjetunion abtransportiert. **Ruinen der Fabrik** und einige dieser Gebäude finden sich heute noch im Dorf.

Aus dieser Blütezeit Lebbins stammt auch die **Kirche des Dorfes**, die 1861 erbaut wurde und die für die heute etwa 400 Einwohner viel zu groß wirkt. Direkt hinter dem imposanten Gotteshaus befindet sich der verwilderte **deutsche Friedhof.** Auf dem etwa 300 m entfernten **Gemeindefriedhof** trug man im Jahr 2007 noch erhalten gebliebene deutsche Grabsteine zu einem Lapidarium zusammen und errichtete eine Gedenktafel für die ehemaligen Bewohner.

› **Café Grodzisko (und Aussichtsplattform)** <117> ul. Główna (gegenüber der Kirche), www.grodziskolubin.pl, geöffnet: Juli, Aug. tgl. 10–20 Uhr, Mai, Juni und Sept. 10–18 Uhr, Eintritt: 5 zł, erm. 4 zł. Kleines Café mit Holzterrasse, Liegestühlen, Infotafeln zu archäologischen Funden und einem traumhaften Ausblick auf das Stettiner Haff.

50 Slawen- und Wikingersiedlung Wollin ★

Zurück ins frühe Mittelalter! Das verspricht die Slawen- und Wikingersiedlung in der Stadt Wollin (Wolin). Auf der **Plageninsel (Wyspa Ostrów)** im **Fluss Dievenow (Dziwna)** lassen Mitarbeiter und Mitglieder der Siedlung die Zeit vom 9. bis 11. Jh. wieder lebendig werden. Sie tragen **historische Kleidung** und beherrschen verschiedene **mittelalterliche Handwerkskünste** – Schmieden, Bronzegießen, Töpfern, Weben oder die Verarbeitung von Bernstein. In mehr als zwei Dutzend originalgetreu rekonstruierten Pfosten-, Block- und Spaltbohlen-

050ud-mb

häusern hängen Felle an den Wänden, Kochtöpfe über dem offenen Feuer und liegen allerhand Werkzeuge aus dem Alltag der Menschen vor rund 1000 Jahren. Das Besondere: Man kann alles anfassen, ausprobieren und sich sogar in die Strohbetten legen. Umrahmt ist das ganze Dorf von einer **hölzernen Befestigungsanlage,** welche die Stadt Wollin so einst tatsächlich umgeben haben soll.

Höhepunkt der Schausiedlung ist das jährlich am ersten Augustwochenende stattfindende **Festival der Slawen und Wikinger** (s. S. 103), zu dem mehr als 2000 Teilnehmer aus aller Herren Länder anreisen.

› **Centrum Słowian i Wikingów,** Recław 37, www.jomsborg-vineta.com, geöffnet: Juli, Aug. tgl. 10–18 Uhr, April–Juni, Sept., Okt. tgl. 10–16 Uhr, Eintritt: 15 zł, erm. 12 zł, Führungen auf Polnisch und Englisch

51 Neuendorf (Wisełka) ★

Neuendorf (Wisełka) ist ein **beschaulicher Ferienort.** Nur gut 500 Menschen wohnen hier. Im Sommer bevölkern Erholungssuchende die Pensionen des Dorfes. Doch richtig hektisch wird es nicht, denn Neuendorf liegt nicht unmittelbar am Meer. Zum **Strand** sind es gut 20 Minuten Fußmarsch durch einen Laub- und Kiefernwald. Vom Eingang zum Nationalpark Wollin 45 führt der Weg bis zur **ehemaligen Seenotrettungsstation,** in der heute das **Restaurant Karczma „Na Wydmach“** (s. u.) für das leibliche Wohl der Wander- und Badegäste sorgt.

In westliche Richtung erstreckt sich die **Wolliner Steilküste** 46, im Osten steht hoch auf einer Düne ein vollautomatischer **Leuchtturm.** Dieser kann zwar **nicht besichtigt** werden, ist aber dennoch einen Abstecher wert. Denn an dieser Stelle soll sich einst **„Stinas Utkiek“** befunden haben. Der Sage nach hat Stina (s. S. 80), die kühne Gefährtin des Seeräubers **Klaus Störtebeker,** von dort Ausschau nach den Koggen ihrer Freunde gehalten. Es heißt, Störtebeker sei nicht eher an Land gegangen, bis er auf dem hohen Ufer eine rote Fahne wehen sah. Dies sei Stinas Zeichen gewesen, dass keine Gefahr drohe.

Im Süden zwischen Neuendorf und Warnow (Warnowo) erstreckt sich eine kleine Seenlandschaft. Am **Neuendorfer See (Jezioro Wisełka)** werden Tretboote, Kajaks und Surfbretter verliehen. Sehenswert ist auch der hufeisenförmige **Otternhöhlensee (Jezioro Czajcze).** Auf einer in den See hineinreichenden Halbinsel finden sich **Reste eines Schlosswalls** aus dem 12. Jh.

› **Karczma „Na Wydmach“** € <118> Wisełka, geöffnet: Mai–Okt. (bei gutem Wetter). Wandert man von Neuendorf (Wisełka) zur Ostsee, trifft man in den Dünen auf ein Restaurant in der ehemaligen Seenotrettungsstation. Dort labt man sich an einfacher, aber sehr schmackhafter und preisgünstiger polnischer Küche. Im Garten sitzend, blickt man bei Speis und Trank durch die Kiefern direkt aufs Meer.

› **Bootsverleih am Neuendorfer See (Przystań wodna u Krawczyka),** ul. Łąkowa 12

◁ Einsamkeit garantiert: am Strand zwischen Neuendorf und Heidebrink

051ud-mb

52 Heidebrink (Międzywodzie) ★

Auf einer kaum zwei Kilometer breiten Nehrung zwischen Ostsee und Camminer Bodden erstreckt sich das **kleine Ostseebad** Heidebrink (Międzywodzie). Dort, ganz im Nordosten der Insel Wollin, findet man ausgedehnte **Kiefernwälder**, einen breiten **Sandstrand** und am Bodden einen kleinen, verträumten **Hafen.**

Im **Juli und August** ist Heidebrink ein **turbulenter Badeort.** Vor allem polnische Familien und Kurgäste verbringen dort ihren Urlaub. Eisverkäufer, günstige Imbisse und Händler mit allerlei Strand- und Badeutensilien aus Plastik prägen die Straßen des Dorfes, das vorwiegend aus Ferienwohnungen und -unterkünften besteht. Nach dem Hochsommer aber kommt Heidebrink zur Ruhe. Dann wirkt das Dorf fast wie ausgestorben und wird zum **Rückzugsort für Erholungssuchende.** Der lange, weiße Sandstrand ist nun nicht mehr eng bevölkert, sondern lädt zu ausgiebigen Spaziergängen ein.

Strände auf der Insel Wollin

Wollin verfügt über etwa 30 Kilometer Ostseestrand, allerdings liegen nur **zwei Orte direkt am Meer:** Misdroy (Międzyzdroje) 44 und Heidebrink (Międzywodzie) 52. Im Hochsommer werden die dortigen Strände von vielen Menschen besucht, es gibt Strandbars und Eisverkäufer; außerdem wachen Rettungsschwimmer über die Badenden. **Heidebrink** hat sich als **Familienstrand** etabliert, **Misdroy** hingegen gilt als **lebhaftes Seebad.**

Zwischen diesen beiden Orten herrscht dagegen **Einsamkeit** am Ostseestrand. Wer diese sucht, gelangt in Neuendorf (Wisełka) 51 nach gut 20-minütigem Spaziergang durch den Wald ans Wasser. Von dort aus lässt sich der Strand gen Osten Richtung Heidebrink oder gen Westen nach Misdroy **entlang der Steilküste** erwandern.

Autofahrer sollten wenig Probleme haben, auf Wollin eine **Parkmöglichkeit in Strandnähe** zu finden. Lediglich in Misdroy ist mit größerer Konkurrenz um die Parkmöglichkeiten am Straßenrand zu rechnen. Es gibt allerdings genügend ausgeschilderte gebührenpflichtige Parkplätze (ca. 4 zł/Stunde).

Idyllische Marina am Camminer Bodden in Heidebrink 52

001ud-ab

Baden

Sand und Meer – das sind die Juwelen der Insel **Usedom.** Ein **feiner, oft steinfreier Sandstrand** zieht sich gut 40 Kilometer entlang der Ostseeküste von Karlshagen 6 im Norden bis Swinemünde (Świnoujście) im Süden. Allein auf der deutschen Seite der Insel gibt es **18 ausgewiesene Badestellen.**

Auf der polnischen **Schwesterinsel Wollin** erstreckt sich der Strand noch einmal auf rund 30 Kilometer; außerhalb der beiden Hauptbadeorte ist es hier oft menschenleer. Auch jenseits der Meeresküste finden sich am **Achterwasser** und am **Stettiner Haff** Gelegenheiten, um in das kühle Nass einzutauchen.

Strände und Wasserqualität

Die **Infrastruktur** an den Stränden auf Usedom ist ausgezeichnet. In allen Seebädern überwachen **Bademeister** die Strände und sind **Kioske, Toiletten** sowie (gebührenpflichtige) **Parkplätze** vorhanden. Vielerorts werden auch **Strandkörbe** vermietet.

Auf der deutschen Seite von Usedom wird für den Besuch der Strände die jeweilige **Kurabgabe** des Seebads fällig. In Swinemünde und auf Wollin müssen Besucher die Kurtaxe hingegen nur entrichten, wenn sie dort auch übernachten (Details S. 121).

In der **Hochsaison** sind die Strände in Swinemünde und Zinnowitz 8 sowie in den **Kaiserbädern** Bansin 33, Heringsdorf 36 und Ahlbeck 38 besonders gut besucht.

Vorseite: Auf Usedom kann man endlos am Strand spazieren gehen

Wer etwas mehr **Ruhe** sucht, sollte in die kleineren **Bernsteinbäder,** z. B. nach Zempin 12, ausweichen oder sich auf den Weg an die abgelegenen Strandabschnitte Wollins machen. Von **Neuendorf (Wisełka)** 51 aus erreicht man nach 20 Minuten Fußweg einen schönen, kaum besuchten Strand.

Familien finden in Karlshagen, Trassenheide 7, Zinnowitz und Ahlbeck ausgesprochen kinderfreundliche Strände. Spielplätze und das flache Wasser erlauben auch den Kleinen einen ungetrübten Badespaß.

Für alle **aktiven Badegäste** gibt es in Karlshagen, Zinnowitz und zwischen Heringsdorf und Ahlbeck separat ausgewiesene **Sportstrände** für Volleyball oder Strandfußball sowie zum Surfen oder Bootfahren. Und wer mit seinem **Hund** an den Strand möchte, findet in jedem Seebad einen entsprechend gekennzeichneten Strandabschnitt.

Zu DDR-Zeiten war es völlig normal, nackt am Strand zu liegen. Zwar gab es abgegrenzte Strände für FKK und „Textilbaden", doch die Übergänge waren fließend. Heute hingegen scheinen bekleidete Badegäste wieder in der Mehrheit zu sein. Dennoch gibt es weiterhin **FKK-Strände** in allen Seebädern. Der bekannteste befindet sich zwischen Koserow 13 und Zempin. Auf polnischer Seite ist das öffentliche Nacktbaden hingegen weit weniger akzeptiert. Lediglich im abgelegenen Ortsteil Lubiewo, knapp drei Kilometer westlich von der Seebrücke in Misdroy (Międzyzdroje) 44, existiert ein inoffizieller FKK-Strand.

Oft wird behauptet, Usedom sei die „Badewanne der Berliner". Doch kein Hauptstädter würde sich derartig kaltes Wasser in seine heimische Wanne einlassen! Im Durchschnitt liegen die **Wassertemperaturen** der Ostsee vor Usedom im Juli und August bei 17 Grad. An heißen Tagen und an flachen Stellen hingegen wärmt sich das Wasser mitunter auch auf knapp über 20 Grad auf.

Badestellen gibt es auch an den **wärmeren Binnengewässern:** an der **Peene** nahe der Stadt Usedom 26 und auf dem Lieper Winkel 25, an der **Krumminer Wiek** bei Lütow [B–C4] auf der Halbinsel Gnitz 10 oder in Kamminke 31 am **Stettiner Haff.**

Die **Wasserqualität** an den Usedomer und Wolliner Stränden gilt als ausgezeichnet. An zahlreichen Stränden von Karlshagen und Trassenheide über die Bernstein- und Kaiserbäder bis nach Swinemünde und Misdroy weht jedes Jahr die **„Blaue Flagge"** – ein Gütesiegel für ausgezeichnete Badewasserqualität, herausragendes Umweltmanagement sowie gute Sanitär- und Sicherheitsstandards. Aktuelle Informationen über die Wasserqualität auf Usedom gibt es über die **Web-App www.badewasser-mv.de.**

Gummistiefel und Eimer: die Grundausrüstung für kleine Strandläufer

Baderegeln

Bei allem Spaß im kühlen Nass sollte man nicht vergessen, dass die Ostsee bei Wind und Wellengang nicht ganz ungefährlich ist. Es können **Unterströmungen** entstehen, die dazu führen, dass Badende nicht mehr in der Lage sind, aus eigener Kraft zurück ans Ufer zu schwimmen. In jeder Saison kommt es zu Unfällen, manchmal auch mit tödlichem Ausgang. Daher sollten **Badeverbote** unbedingt beachtet werden. Das Baden an den **Seebrücken** ist **grundsätzlich verboten.** Ob für das Baden an den Stränden Einschränkungen bestehen, erkennt man anhand der **Beflaggung:**

- **Rot-gelbe Flagge am Rettungsturm:** Turm ist mit Rettungsschwimmern besetzt
- **Rot-gelbe Flagge und gelbe Flagge am Rettungsturm:** Baden und Schwimmen ist gefährlich. Badeverbot für Kinder und Nichtschwimmer. Man darf nur bis zur Brust ins Wasser gehen.
- **Einzelne rote Flagge am Rettungsturm:** Baden und Schwimmen generell verboten
- **Schwarz-weiße Flagge am Strand:** Der gekennzeichnete Strandabschnitt ist für die Nutzung von Wassersportgeräten reserviert; hier sind Baden und Schwimmen nicht erlaubt.

052ud-am

Von der Sittlichkeit beim Baden

Am Anfang war das Baden in der See eine Mode der Reichen und Adligen. Im Glauben an die gesundheitsfördernde Wirkung von Meerwasser errichteten sie im England des 18. Jh. die ersten Seebäder. Auch der Rostocker Medizinprofessor Samuel Gottlieb Vogel war überzeugt, dass ein Bad im Meer heilsam für die „vielen Schwachheiten und Kränklichkeiten des Körpers" sei, weshalb auf sein Betreiben hin 1793 das erste deutsche Seebad der Ostsee in Heiligendamm öffnete. Im Jahr 1824 war es dann auch auf Usedom so weit: In Swinemünde wurde die erste Badesaison der Insel eingeläutet – auch wenn es zunächst nur ein paar Badehütten zum Umkleiden gab.

Wo heute Textil-, FKK- und Hundestrände fast unbemerkt ineinander übergehen, entstanden im Laufe des 19. und zu Beginn des 20. Jh. Einrichtungen, die dem heutigen Betrachter wie Relikte einer fremden Welt vorkommen. Auf vergilbten Postkarten aus den Seebädern Usedoms erkennt man große Badeanstalten, die, auf Pfählen stehend und mit hohen Brettern verschlagen, hufeisenförmig in die See hinausragen. Dort badeten – gegen Eintritt – Männer und Frauen strikt getrennt: die Damen im knielangen Badekleid, die Herren in gestreiften Badetrikots oder im Adamskostüm. Für das Dienstpersonal und die örtliche Jugend gab es eigene Bereiche bzw. Badezeiten.

Die Moralvorstellungen jener Zeit verlangten, dass zwischen Damen- und Herrenbad ein Abstand von 100 Schritten einzuhalten sei. Zudem war es streng untersagt, außerhalb der Badeanstalten ins Wasser zu gehen. Selbst Sonnenbäder am Strand und in den Dünen waren nur in den dafür umfriedeten Räumen zulässig. Laut der Heringsdorfer Polizeiverordnung von 1910 drohte bei Zuwiderhandlungen eine Geldstrafe von bis zu 30 Mark oder sogar Haft. Tag für Tag liefen Polizisten den Strand entlang, um Freibadende aus dem Meer zu holen. Ob dafür sittliche oder ökonomische Gründe ausschlaggebend waren, lässt sich heute jedoch nicht mehr ergründen.

Um die Jahrhundertwende entstanden neben den Damen- und Herrenbädern die ersten Familienbäder. Dort konnten sich Familien in „undurchsichtigen, den ganzen Körper bedeckenden Badeanzügen" gemeinsam erfrischen. Einzelnen jungen Männern war die Benutzung des Familienbades aber explizit untersagt.

Nach dem Ersten Weltkrieg lockerten sich die Baderegeln. Als erstes deutsches Seebad erhielt 1923 Bansin (33) die Freibadeerlaubnis. Bald darauf verschwanden auch anderswo die Badeanstalten. Die Vorschriften zur Bademode aber blieben prüde. Mit dem „Zwickelerlass" untersagte das preußische Innenministerium 1932 das öffentliche Nacktbaden und regelte detailliert das sittliche Aussehen von Badeanzügen und -hosen, z. B. mit einer zusätzlichen Stofflage im Schritt.

In den 1950er-Jahren bestimmte der behördliche Kampf gegen das Nacktbaden die Sittlichkeitsvorstellungen in den „Bädern der Werktätigen" – erfolglos. Das Verbot wirkte nicht. Nachdem es 1956 aufgehoben worden war, wurde FKK alsbald zur Massenbewegung an den Stränden der DDR. Doch egal, wer wie badete: Sandburgen schaufeln und Sichtschutz (verbrämt auch Windschutz genannt) aufstellen wurde zum neuen Gebot der Sittlichkeit am Strand.

Wandern

Klassische Wanderungen an der Ostsee führen zwischen Wasser und Dünen an den weiten Sandstränden entlang. Für ausgedehnte **Strandspaziergänge** sind das **Usedomer Steilufer** von Bansin 33 bis Koserow 13 und die **Wolliner Steilküste** 46 zwischen dem polnischen Seebad Misdroy (Międzyzdroje) 44 und Neuendorf (Wisełka) 51 landschaftlich besonders reizvoll.

Wer eher Wert auf Gesellschaft legt, flaniert natürlich bevorzugt auf der **Strandpromenade** in den **Kaiserbädern** Bansin, Heringsdorf 36 und Ahlbeck 38. Diese erstreckt sich auf einer Länge von zwölf Kilometern von Bansin bis ins polnische Swinemünde (Świnoujście). Für die Rückfahrt bietet sich die **Usedomer Bäderbahn** (s. S. 132) an.

Wen es eher in die Natur zieht, der findet Ruhe im **Nationalpark Wollin** 45 mit seinen dichten Kiefern- und Buchenwäldern, seiner schroffen Ostseeküste, einigen Seen und wunderbaren Aussichtspunkten.

Wanderung 1: Misdroy – Kaffeeberg – Wisent-Schaugehege

Das polnische Seebad **Misdroy (Międzyzdroje)** 44 ist der ideale Ausgangspunkt für diese Wanderung. Vom Vorplatz der **Seebrücke (Molo)** läuft man zunächst gen Osten über die **Strandpromenade (Promenada Gwiazd)** bis zum ehemaligen Gebäude der Seenotrettung (Restauracja Port, s. S. 80) und dem dahin-

☐ *Derzeit gesperrt: die 287 Stufen vom Strand auf den Kaffeeberg (Stand Anfang 2024)*

053ud-mb

- **Charakter:** Abwechslungsreiche Wanderung, die zunächst über die Strandpromenade von Misdroy (Międzyzdroje) 44 führt. Nach einem kurzen, durchaus anstrengenden Aufstieg auf den Kaffeeberg (61 m) folgt ein Waldspaziergang, u. a. zum Wisent-Schaugehege 47. Zum Schluss geht es zurück nach Misdroy.
- **Ausgangs- und Endpunkt:** Seebrücke in Misdroy 44 [K6]
- **Länge:** 7 km
- **Dauer:** 2–3 Stunden (inkl. Besichtigung des Wisent-Schaugeheges)
- **Höhenmeter:** 100 m
- **Eintritt:** Nationalpark Wollin 45, Wisent-Schaugehege 47
- **Einkehr:** Pub & Restaurant Baron (s. S. 79) in Misdroy
- **Anfahrt:** mit Bahn (PKP) oder Bus (PKS) von Swinemünde (Świnoujście) bis zum Bahnhof in Misdroy fahren

ter befindlichen kleinen **Fischerhafen (Przystań morska).** Ein schwarz markierter **Wanderweg** führt vom Eingang des Hafens auf den 61 Meter hohen **Kaffeeberg** hinauf, der seinen Namen einem Café verdankt, das sich vor dem Zweiten Weltkrieg hier oben befand. Für die Mühe wird man mit einem weiten Blick über die Pommersche Bucht belohnt. Der **Aufstieg über die Holztreppe** direkt vom Strand ist wegen Abbrüchen an der Steilküste **derzeit** (Anfang 2024) leider **gesperrt.** Vorbei an zwei Steinen zum Gedenken an die Förstertreffen von 1892 und 1992 geht es über den schwarz markierten Weg durch einen Laubwald hinab zur Straße. Dieser nach links folgend, gelangt man nach etwa 250 Metern zum **Park- und Rastplatz Kwasowo.**

Von dort führt der schwarz markierte Weg in den **Nationalpark Wollin** 45. Nach einem Kilometer durch Laub- und Kiefernwald erreicht man den grün markierten **Radwanderweg** von Misdroy nach Warnow (Warnowo), biegt links ab und folgt ihm etwa 500 Meter bis zum Eingang des **Wisent-Schaugeheges (Zagroda Pokazowa Żubrów)** 47.

Der **Rückweg nach Misdroy** führt über den grün markierten Radwanderweg und die ul. Leśna hinab, bis man die rechts abzweigende ul. Lipowa erreicht. Hier biegt man ab, passiert die **Pfarrkirche** des heiligen Apostels Peter, einen neugotischen Backsteinbau aus dem Jahr 1862, folgt der ul. Zwycięstwa nach links und gelangt dann zur beschaulichen **Fußgängerzone Światowida** – hier lädt das **Restaurant Baron** (s. S. 79) zu einer **Pause** ein. Am Ende der Fußgängerzone folgt man nach links den Straßen ul. Krasickiego und ul. Zdrojowa, bevor man am Tennisplatz nach rechts abbiegt, um zurück zur Seebrücke, dem **Startpunkt** der Wanderung, zu gelangen.

Wanderung 2: Türkissee – Sandberg – Blätterberg – Lebbin

Die Wanderung beginnt auf dem **Parkplatz am Türkissee** und führt zunächst am östlichen Ufer vorbei auf den 53 Meter hohen **Sandberg (Piaskowa Góra).** Von dort hat man einen **wunderbaren Ausblick** auf den im Sonnenschein smaragdgrün schimmernden See und den Ort Kalkofen (Wapnica).

Den See hinter sich lassend, folgt man dem blau markierten **Wanderweg** etwa eine Viertelstunde bis zum **Blätterberg (Wzgórze Zielonka).** Der etwas steile Aufstieg zum Aussichtspunkt ist unbedingt zu empfehlen, denn vom Blätterberg aus schaut man weit über das **Swinedelta** und den Großen Vietziger See (Jezioro Wicko Wielkie), eine Bucht des Stettiner Haffs.

Nach dem Abstieg folgt man dem blau markierten Wanderweg weiter

- **Charakter:** Die Wanderung gehört zu den landschaftlich attraktivsten Rundwegen auf der Insel Wollin. Sie gewährt beeindruckende Panoramablicke auf die Inselwelt des Stettiner Haffs. Vom Türkissee (Jezioro Turkusowe) 48 geht es über den Sandberg (53 m) und den Blätterberg (52 m) bis nach Lebbin (Lubin) 49 und schließlich wieder zurück zum Türkissee.
- **Ausgangs-/Endpunkt:** Parkplatz am Türkissee in Kalkofen (Wapnica) [K7]
- **Länge:** 5 km
- **Dauer:** 1 Stunde, 30 Minuten
- **Höhenmeter:** 80 m
- **Eintritt:** Nationalpark Wollin 45
- **Einkehr:** Café Grodzisko in Lubin (s. S. 84), Biergarten am Parkplatz in Kalkofen (Wapnica)
- **Anfahrt:** mit dem Auto, Taxi oder Fahrrad ca. 6 km von Misdroy (Międzyzdroje) 44 nach Kalkofen (Wapnica)

nach **Lebbin (Lubin)** 49 bis zur neugotischen **Backsteinkirche** aus dem Jahr 1861, deren beeindruckende Größe von der einstigen Bedeutung des Ortes zeugt. Am Gotteshaus biegt man nach rechts auf die ul. Główna ab und gelangt nach wenigen Metern linker Hand an die Einfahrt zum **Aussichtspunkt und Café Grodzisko** (s. S. 84). Hier gibt es nicht nur Kaffee, Kuchen und Eis sowie einen atemberaubenden Blick auf die schilfbewachsenen Inseln des Swinedeltas, es lassen sich auch die Überreste eines Burgwalls und der ältesten bekannten Kirche Pommerns finden.

Nach einer ausgiebigen Pause führt der Rückweg über die ul. Główna zum Feuerwehrhäuschen (Straż pożarna),

an diesem vorbei und etwa 800 Meter geradeaus bis zum **Rundweg** um den Türkissee. Anders als auf dem Hinweg biegt man nun links ab und gelangt am westlichen Ufer entlang nach knapp 20 Minuten zurück an den **Ausgangspunkt** der Wanderung.

Wanderung 3: Ückeritz – Streckelsberg – Koserow

Vom **UBB-Bahnhof Ückeritz** 17 aus geht es zunächst über die Straßen Am Kurplatz, Waldstraße, Aufbauweg und Am Sportplatz bergab durch den **Wald** in Richtung Strand. Auf Höhe der Reha-Klinik Ostseeblick ist auch schon das **Steilufer** erreicht. Ab dort schlängelt sich ein **kleiner Pfad**, der mit einem grünen Eichenblatt markiert und Teil eines Naturlehrpfads ist, in Richtung Nordwesten immer an der Küste entlang. Von diesem Pfad aus bieten sich **beeindruckende Panoramablicke** auf den Strand, die Ostsee und bei klarer Sicht bis nach Rügen, zur Greifswalder Oie 5 sowie auf die Insel Wollin.

Nun geht es hinab in Richtung Kölpinsee und am dortigen Campingplatz vorbei durch ein Gebiet, das 1913 von einer Sturmflut unter Wasser gesetzt wurde und Teufelsinsel heißt. Über die Promenade in den Dünen erreicht man das **Seebad Kölpinsee,** wo sich als Möglichkeit zur Rast z. B. das idyllische Restaurant Stranddistel anbietet.

> - **Charakter:** Entspannte Wanderung auf Waldwegen und kleinen Straßen mit einem durchgehenden Panoramablick auf die Ostsee. Höhepunkte sind der Streckelsberg und die Seebrücke in Koserow (13).
> - **Ausgangspunkt:** UBB-Bahnhof Ückeritz (17) [E4]
> - **Endpunkt:** UBB-Bahnhof Koserow (13) [D4]
> - **Länge:** 10 km
> - **Dauer:** 2–3 Stunden
> - **Höhenmeter:** 143 m
> - **Einkehr:** Restaurant Stranddistel in Kölpinsee (Promenadenweg, im Sommer tgl. ab 12 Uhr (außerhalb der Saison Mo.–Mi. Ruhetag), Koserower Salzhütten

Danach folgt man einer **Treppe** an der Strandstraße, die den See mit dem Seebad verbindet, hinauf zur Jägerstraße und nimmt von dort aus auf einem **breiten Radweg** Kurs auf **Koserow (13)**. Wer die Aussicht noch ausgiebiger genießen möchte, kann auch einen kleinen Pfad direkt an der Steilküste entlanglaufen oder immer wieder zu den Aussichtspunkten vom Weg abzweigen.

Nach etwa einem Kilometer Fußmarsch steigt der Oberförsterweg an und bringt die Wandernden stetig ein Stückchen höher, bis nach 500 m ein Abzweig auf den Streckelsberg führt.

Auf einem kleinen Pfad geht die Wanderung schließlich bergab zur **Koserower Seebrücke** und den **Salzhütten (14)**. Diese sind unbedingt einen Besuch wert und belohnen Wanderer mit **frischem Räucherfisch,** net-

ten Souvenirs und der Möglichkeit, in schönem Ambiente die Füße hochzulegen. Von hier geht es landeinwärts über die Hauptstraße quer durch das Seebad zum **UBB-Bahnhof Koserow** (an der Bahnhofstraße rechts abbiegen), wo die Wanderung endet.

Radfahren

Schon vor gut einem Jahrhundert wusste **Lyonel Feininger** (s. S. 42) Usedom als ideale Urlaubsregion zum Radfahren zu schätzen. In vielen Sommern erkundete er mit seinem Rennrad die Insel und fertigte unterwegs Skizzen von Kirchen sowie Dorf- und Straßenszenen an. **Feininger zu Ehren** wurde ein 53 km langer **Radweg** eingerichtet, der durch einige Orte im Achterland und durch die Kaiserbäder bis nach Swinemünde führt.

Zu den schönsten Radstrecken auf Usedom gehört der **Küstenweg** von Swinemünde über die Kaiser- und Bernsteinbäder bis nach Karlshagen. Auf den **Promenaden** und **befestigten Radwegen** erstreckt sich der Weg über 40 Kilometer, wobei drei anstrengende Steigungen bewältigt werden müssen: an den Steilküsten bei Bansin und Ückeritz sowie über den Streckelsberg bei Koserow. Die Aussicht aber entlohnt alle Mühen.

Auf der **Nachbarinsel Wollin** ist das Radwegenetz leider weniger gut ausgebaut. Ziemlich mühsam ist vor allem das Befahren des **internationalen Küstenradwegs (R 10)** zwischen Swinemünde und Misdroy auf einem fast acht Kilometer langen, sandigen Waldweg – es ist der einzige Radweg zwischen den beiden Seebädern.

- **Lyonel-Feininger-Tour:** www.papileo.de
- **Leihfahrräder:** www.usedomrad.de

> **Routenverlauf im Inselplan**
> Die hier beschriebenen Radtouren sind mit farbigen Linien im Insel-Faltplan eingezeichnet.

Radtour 1: Halbinseln Wolgaster Ort und Gnitz

Die Erkundung des nördlichen Inselteils beginnt an der **Vineta-Seebrücke** in **Zinnowitz** (8). Über feste Splitt- und Kieswege führt die Tour zunächst entlang des Meers nach **Trassenheide** und **Karlshagen.** Hier geht es über Strand- und Peenestraße zum Jacht- und Fischereihafen am Peenestrom.

Flussaufwärts führt die Tour zunächst auf Betonplatten in **Richtung Wolgast.** Um die alte **Gutsanlage mit der Usedom Destillerie und gemütlichem Café** (s. S. 27) besichtigen zu können, ist allerdings ein Abstecher nach **Mölschow** nötig. Dann geht es zurück an den Peenestrom nach **Zecherin** mit seinem kleinen, verträumten Hafen. Alternativ kann man dem Radweg entlang der Straße zur B111 folgen und dann auf der schönen Lindenallee direkt nach **Krummin am Achterwasser** fahren.

> - **Charakter:** Touristisches Flair der Seebäder und Abgeschiedenheit am Peenestrom, der Kruminer Wiek und auf der Halbinsel Gnitz. Überwiegend ruhige Straßen und befestigte Radwege, davon ca. 10 km Betonplatten.
> - **Ausgangs- und Endpunkt:** Seebrücke Zinnowitz [C3]
> - **Länge:** 47 km
> - **Dauer:** ca. 4 Stunden
> - **Höhenmeter:** ca. 150 m

Von Zecherin führt die Tour auf Asphalt nach **Mahlzow** bis fast an die **Peenebrücke.** Ein Ausflug nach Wolgast bietet sich an, doch unsere Tour bleibt diesseits des Peenestroms und führt über eine ruhige Straße nach **Neeberg** (Galerie im Hühnerstall, s. S. 27) ans Achterwasser. Es folgt mit **Krummin** 11 ein schönes Dorf mit alter Kirche, idyllischem Naturhafen und zwei bezaubernden Gartencafés.

Nach einer Stärkung geht es an der **Krumminer Wiek** entlang gen Süden auf die Halbinsel **Gnitz** 10. Auf dreieinhalb Kilometern rütteln die Betonplatten alle Radler ordentlich durch. Ab **Neuendorf** aber gibt es einen asphaltierten Radweg an die Südspitze des Gnitz nach **Lütow.** Eine kurze Wanderung auf den **Weißen Berg** (32 Meter über dem Achterwasser) und die Besichtigung des **Großsteingrabs** (s. S. 25) bieten sich an.

Zurück geht es nach **Neuendorf,** wo auf den Feldern Erdölpumpen unaufhörlich auf und nieder schwingen (s. S. 24). Lohnenswert ist der Abstecher ins verschlafene **Netzelkow** mit seiner alten Dorfkirche. Dicht an einer Erdölpumpe vorbei führt ein wirklich unangenehmer Betonweg (etwa 2 km) zurück nach Neuendorf.

Nach einer Pause im **Gnitzer Seelchen** (s. S. 25) geht es entlang der Straße auf asphaltiertem Radweg zurück zur Seebrücke in Zinnowitz.

Radtour 2: Große und Kleine Achterlandrundfahrt

- **Charakter:** Seen-, Wiesen- und Waldlandschaften im Usedomer Hinterland und Ostseepromenade in den Kaiserbädern. Überwiegend asphaltierte Radwege und ruhige Straßen.
- **Ausgangs- und Endpunkt:** Seebrücke Heringsdorf [F6]
- **Länge:** große Tour 67 km, kleine Tour 48 km (jeweils inkl. Abstecher)
- **Dauer:** ca. 6/4 Stunden
- **Höhenmeter:** ca. 375 m/300 m

Die Erkundung des Achterlands beginnt an der **Seebrücke in Heringsdorf.** Über die Promenade führt der Radweg vorbei an den aufgereihten Bäderstilvillen nach **Bansin.** Dann wird es auch schon anstrengend: Über die Seestraße geht es hinauf zum **Bahnhof,** dann führt der asphaltierte Radweg auf und ab nach Benz. Zwischendurch aber lohnt ein Halt in **Sallenthin,** um vom Krückenberg (34 m) den **Sieben-Seen-Blick** zu genießen.

In **Benz** 20 bietet sich die Gelegenheit für eine Pause an der **Holländerwindmühle** 22, wo mit etwas Glück im Backhaus gerade frischer Kuchen gebacken wurde. Auch ein Blick ins Innere der **Dorfkirche** lohnt sich.

Von Benz führt der Radweg neben der Straße schließlich bis ins Dorf **Neppermin.** Am Strand des **Nepperminer Sees** stehen Bänke für ein kurzes Innehalten, ein paar Meter weiter eröffnet sich vom Aussichtsturm ein wunderbarer Blick über das Schilf des Achterwassers.

Die **kleine** Achterlandrundfahrt führt von Neppermin auf dem Radweg entlang der B111 zur B110 und weiter über einen asphaltierten Waldweg in Richtung **Gummlin am Stettiner Haff.** Der romantische Naturhafen mit ein paar Sitzbänken ist ein schöner Ort für eine Rast.

Die **große** Achterlandrundfahrt hingegen folgt der ruhigen Straße nach Balm und dann dem abgeschiedenen Weg bis nach **Dewichow.** Etwa zwei

Kilometer davon sind Sandweg und Betonplatten – der Blick über das Achterwasser ist die langsame Fahrt aber allemal wert.

Auf einer wenig befahrenen Straße geht es weiter ins idyllische **Morgenitz** mit seinem holprigen Kopfsteinpflaster und der alten **Dorfkirche** 24. Dann führt eine asphaltierte Straße weiter nach **Krienke** am Südende des **Lieper Winkels** 25.

Nun folgen etwa vier Kilometer auf einer etwas stärker von Autos frequentierten Straße bis zur B110. Vor dem Dorf **Suckow** lohnt ein Zwischenstopp an der bereits vor mehr als 700 Jahren urkundlich erwähnten **Suckower Eiche** (s. S. 44) – ein Naturdenkmal mit Rastplatz.

Entlang der B110 führt ein asphaltierter Radweg in die **Stadt Usedom** 26. Durchs Anklamer Tor, das Wahrzeichen der Stadt, geht es in die Altstadt und weiter zum neu ausgebauten **Hafen.**

Die **Rückfahrt** nach Heringsdorf führt zunächst über einen asphaltierten Waldweg ins Dorf **Stolpe** mit seinem **malerischen Schloss** 28. Von dort folgt die Tour der wenig befahrenen Straße Richtung **Dargen.**

Große und kleine Achterlandrundfahrt vereinen sich am Abzweig nach Gummlin. Nachdem der **Wisentpark** 29 bei Prätenow passiert wurde, geht es über schlechten Asphalt und löchrige Betonplatten nach Dargen.

Von Dargen aus lohnt ein Abstecher via Kachlin zum drei Kilometer entfernten **Windschöpfwerk** (s. S. 52) am **Kachliner See** (mit überdachtem Rastplatz). Solche Windschöpfwerke dienten bis Ende der 1960er-Jahre zur Entwässerung des Niedermoorgebiets Thurbruch.

Auf erfreulich gutem Asphalt führt die Radtour von Dargen weiter über **Bossin** und **Neverow** nach **Zirchow,** dann auf einem asphaltierten Radweg an den malerischen **Wolgastsee in Korswandt.**

Nach einer Stärkung im dortigen Imbiss wird es noch einmal richtig anstrengend: Über einen asphaltierten Waldweg geht es erst steil bergauf, dann rasant bergab nach **Ahlbeck** 38. Von dort führt der Radweg schließlich gemütlich über die Promenade zurück zur Seebrücke in Heringsdorf.

Radtour 3: Deutsch-Polnisches Grenzgebiet

Die Erkundung des deutsch-polnischen Grenzgebiets beginnt am **UBB-Bahnhof in Swinemünde.** Bevor es in die größte Stadt Usedoms geht, führt die Tour zunächst ans **Stettiner Haff.** Bei **Kamminke** passiert der Radweg die grüne Grenze. Vorbei an der **Gedenk- und Kriegsgräberstätte Golm** 32 führt die Dorfstraße hinab

mb-pud090

⮞ *Kleine Pause an der deutsch-polnischen Grenze zwischen Ahlbeck 38 und Swinemünde*

- **Charakter:** Trubel des größten Seebads der Insel, Industriehafen, Idylle des Stettiner Haffs und der Wälder rund um den Golm – dem höchsten Berg der Insel (69 m). Fast die gesamte Strecke führt über gute Radwege.
- **Ausgangs- und Endpunkt:** UBB-Bahnhof Swinemünde [G7]
- **Länge:** 46 km
- **Dauer:** ca. 4 Stunden
- **Höhenmeter:** ca. 260 m

zum beschaulichen Hafen. Dort gibt es nicht nur einen weiten Blick über das Stettiner Haff, sondern auch frischen Fisch aus der **Räucherei „Klönsnack“** (s. S. 51).

Jetzt aber wird es anstrengend: Die kurz, aber steil ansteigende Bergstraße hinauf geht es auf gepflastertem Radweg in Richtung **Garz,** wo sich in der Dorfkirche eine liebevoll gestaltete Ausstellung zur Geschichte des Ortes besichtigen lässt (s. S. 52).

Auf einem asphaltierten Waldweg geht es bergauf und bergab bis an den **Wolgastsee in Korswandt.** Nach einer Stärkung im Imbiss am Strand wird der malerische See auf einem gut befahrbaren Waldweg umrundet (3,5 km) und ein weiterer anstrengender Abschnitt in Angriff genommen: Über einen asphaltierten Waldweg geht es erst steil bergauf, dann rasant bergab nach **Ahlbeck** 38.

Auf der **Strandpromenade** führt die Tour von Ahlbeck über die Grenze ins quirlige Treiben des **Swinemünder Kurviertels** 40. An der äußersten Spitze Usedoms, wo die Swine in die Ostsee mündet, lohnt ein fußläufiger Abstecher auf die **Westmole** bis zur Mühlenbake, dem Wahrzeichen der Stadt. Auf asphaltiertem Weg vorbei an **Westbatterie, Engelsburg** 41 und **Jachthafen** geht es weiter zum **Stadtzentrum.** Zum Abschluss bietet sich ein Bummel durch die kleine, aber durchaus schicke Altstadt oder eine Pause in einem der Cafés oder Restaurants an. Vom Kreisverkehr an der weithin sichtbaren **Christuskirche** (s. S. 66) geht es dann auf dem Radweg zurück zum UBB-Bahnhof.

Wer die Radtour bis **Misdroy** 44 ausdehnen möchte, kann vom **Fähranleger** im Zentrum mit der kostenlosen Fähre nach Wollin übersetzen und einen schönen (teils aber sandigen) Radweg durch Kiefernwald und mit Meeresblick nehmen.

Wassersport

Usedom und Wollin sind **Paradiese** für Aktivurlauber auf dem Wasser. Durch ihre günstige Lage haben die beiden Schwesterinseln eine große **Vielfalt befahrbarer Gewässer** zu bieten: die bisweilen stürmische Ostsee genauso wie das ruhige Achterwasser, den Peenestrom und das Stettiner Haff sowie viele Seen und einige Flüsse – allen voran die Swine. Diese Bandbreite macht die Gegend **für Anfänger wie Profis** zu einem attraktiven Wassersportrevier, das zudem über unzählige Marinas und Anlegestellen verfügt.

Anbieter

- **Sail Away Usedom am Sportstrand Zinnowitz** (s. S. 99), Tel. 0171 2122676, www.sail-away-usedom.com. Klassische Surfschule mit Kursangeboten für Windsurfer und Segler von wenigen Stunden bis hin zu Mehrtagestouren. Verleih und Riesenwasserrutsche.
- **Surfschule Usedom** <119> Zeltplatzstr. 29, Strandabschnitt 10 A–B Karls-

065ud-ab

Das Achterwasser ist ein beliebtes Revier für Segler

hagen, Tel. 0179 6653396, www.surfschule-usedom.com. Kurse im Wind- und Kitesurfen sowie im Stehpaddeln.

- **Sportstrand Zinnowitz** <120> Strandpromenade, Aufgang Q, Tel. 038377 36018, www.sportstrand-zinnowitz.de
- **VDWS Wassersportzentrum** beim Natur Camping Usedom in Lütow (s. S. 128), Tel. 0160 96224830, www.wassersport-usedom.com. Große Auswahl an Kursangeboten für Erwachsene und Kinder, z. B. im Wind- und Kitesurfen, SUP, Jollensegeln und Kajakfahren.
- **Windsport Usedom** beim Café Knatter in Ückeritz (s. S. 36), www.kitesurfusedom.de, geöffnet: im Sommer tgl. ab 10 Uhr. Segel-, Windsurf-, SUP- und Kiteschule mit integrierter Pension und nettem Café am Achterwasser. Auch Schnupper- und Kinderkurse sind buchbar.

Wellenreiten

Bei günstigen Windverhältnissen bringen die bunten Outfits der Usedomer Wellenreiter die gesamte **Ostseeküste** zum Leuchten. **Profis** zieht es vor allem an die Strände von Karlshagen 6, Trassenheide 7 und Zinnowitz 8 sowie in die Kaiserbäder Bansin 33, Heringsdorf 36 und Ahlbeck 38. **Anfänger** können im ruhigen **Stehrevier des Achterwassers** bei Lütow [B–C4] oder Ückeritz 17 erste Versuche auf dem Brett wagen.

Wer die erforderliche Ausrüstung nicht mitbringen möchte oder Anleitung braucht, ist bei **Sail Away Usedom** sowie an der **Surfschule Usedom** richtig.

Wind- und Kitesurfen

Die Gewässer rund um Usedom eignen sich bestens zum Windsurfen. Auch das Kitesurfen erfreut sich größter Beliebtheit. Die **höchsten Wellen** (über 2,50 m) gibt es am Sportstrand Karlshagen, **mittleren Wellengang** in Trassenheide, Zinnowitz und den Kaiserbädern. **Anfänger** fühlen sich im ruhigeren Ostseegewässer vor Zempin 12 mit bis zu 1,50 m hohen Wellen oder aber im Flachrevier des Achterwassers bei Ückeritz wohl.

Kurse im Wind- und Kitesurfen werden z. B. von der **Surfschule Usedom** (s. S. 98), **Windsport Usedom** und vom **VDWS Wassersportzentrum** (beide s. l.) angeboten.

Motorbootfahren und Segeln

Die **Ostsee** ist ideales Terrain für geübte Motorbootfahrer und Segler, doch auch im **Peenestrom** und auf dem **Achterwasser** kommen sie auf ihre Kosten. Hier bieten **kleine Hä-**

056ud-ab

fen, beispielsweise in Zempin, Rankwitz [C6] und Loddin 16, die Möglichkeit zum Festmachen und teilweise auch zum Übernachten.

Der mit Abstand **größte Hafen für Jachten und Sportboote** an der Ostseeküste befindet sich in Swinemünde (Świnoujście):

- **Jachthafen Swinemünde (Port jachtowy w Świnoujściu)** <121> ul. Rogozińskiego/ Jachtowa, Tel. +48 913219177

Im **Hafen von Peenemünde** 1 hat man zudem die Möglichkeit, über das VDWS Wassersportzentrum den **Sportbootführerschein See** zu machen oder einen Jachtsegel-Manöver-Kurs zu absolvieren. Auch zwei **Charterjachten** stehen hier bereit.

Derselbe Anbieter offeriert in seiner **Wassersportbasis in Lütow** auf der Halbinsel Gnitz 10 Kurse im **Jollen- und Katamaransegeln.** Kinder ab sechs Jahren können sich in sog. Optimisten ausprobieren, leicht handhabbaren Minijollen, die durch ihre besondere Konstruktion selbst beim Kentern noch Auftrieb haben. Auch **Stand-up-Paddling** ist hier möglich.

Die Ruhe täuscht: Eine Paddeltour in der stark durchströmten Alten Swine ist eher etwas für erfahrene Kanuten

Paddeln, Rudern und Tretbootfahren

Besonders entspannend sind Fahrten mit dem Kanu, Kajak, Ruder- oder Tretboot in den **ruhigen Boddengewässern und Seen** Usedoms. Auf der Website **www.abenteuer-flusslandschaft.de** findet man neben Tourenangeboten auch ausgefallenere Gefährte wie z. B. führerscheinfreie Flöße und Bungalowboote.

Im **Swinedelta** rund um die **Insel Kaseburg (Karsibór)** 43 genießt man beim nahezu lautlosen Dahingleiten auf dem Wasser einen uneingeschränkten Blick auf die dortige Vogelwelt. **Ungeübte Paddler** sollten sich jedoch auf die **ruhigen Nebenarme** der Swine beschränken, denn im Hauptstrom kann es schon bei leichtem Wind schnell ungemütlich werden.

- **Bootsverleih am Wolgastsee** <122> Korswandt. Verleih von Tret- und Ruderbooten.
- **Bootsverleih im Naturhafen Krummin** (s. S. 26). Ausleihe von Ruderbooten, Kanus und Kajaks sowie geführte Touren.
- **Kikis Bootsverleih** (s. S. 35). Verleih von Tret- und Ruderbooten.
- **Marina Karsibór** (s. S. 76). Ausleihe von Tret- und Ruderbooten, Kajaks und Kanus.

003ud-mb

Feste und Folklore

Unterhaltung gehört für viele zu einem Ostseeurlaub dazu. Das wissen auch die Kurverwaltungen auf Usedom und stellen – der Kurtaxe (s. S. 121) sei Dank – insbesondere in der Hochsaison ein **reichhaltiges Programm** auf die Beine. Die Konzertmuscheln auf den Strandpromenaden der Seebäder, das Hans-Werner-Richter-Haus 34 in Bansin 33 und das Museum Villa Irmgard 37 in Heringsdorf 36 gehören zu den beliebtesten Veranstaltungsorten in den Seebädern.

Im etwas ruhigeren Achterland tun sich die Schlösser Pudagla 19 und Stolpe 28 sowie die St.-Petri-Kirche 21 in Benz 20 mit regelmäßigen Konzerten und Veranstaltungen hervor. Eine **detaillierte Programmübersicht** halten die jeweiligen Touristeninformationen bereit.

Frühjahr

› **Dej Usedomer Fischerwochen.** Von Anfang März bis Mitte April steht auf Usedom alles im Zeichen des Fischfangs. Nach dem fulminanten Auftakt, der traditionellen Heringsgala im Strandhotel Seerose in Kölpinsee, präsentieren insgesamt 25 Restaurants von Ahlbeck 38 bis Freest den Fang in allen Variationen. In Ahlbeck und Bansin kann man die Heringsfischer bei Führungen beobachten. Den Abschluss bildet das **Koserower Heringsfest** mit Tanz und Musik.

› **Bernsteinwoche.** In der Osterwoche informieren die Bernsteinbäder Zempin 12, Koserow 13, Loddin 16 und Ückeritz 17 über das Gold der Ostsee.

Vorseite: Schiffswrack am Strand von Ahlbeck 38

Osterfeuer werden entzündet, am Strand sucht man unter fachkundiger Anleitung nach Bernstein und in Workshops lernt man, das Jahrmillionen alte Harz zu schleifen.

› **Usedomer Literaturtage.** Jedes Jahr im April zieht es bekannte Schriftsteller und Autoren zu Lesungen und Diskussionen auf die Insel Usedom. Große Namen wie Martin Walser, Hans Magnus Enzensberger, Herta Müller, Sofi Oksanen oder Olga Tokarczuk verleihen der Veranstaltung überregionale Bedeutung (www.usedomerliteraturtage.de).

› **Internationales Kleinkunstfestival.** Im Mai wird Usedom zum Treffpunkt für Künstler aus aller Welt. Akrobaten und Komödianten, Feuerspeier, Clowns und Musikanten sammeln sich dann in Heringsdorf, führen ihre Künste vor und strömen auch in die anderen Seebäder. Eine Jury kürt die besten Vorführungen (www.kleinkunst-festival.com).

Sommer

› **Vineta Festspiele.** Jeden Sommer von Ende Juni bis Ende August wird die Ostseebühne in Zinnowitz 8 zum Schauplatz eines Theaterspektakels um die Sage von Vineta (s. S. 32). Mit Musik, Tanz, Schauspiel, zahlreichen pyrotechnischen Effekten und einer Lasershow werden die Besucher in den Bann der versunkenen Stadt gezogen. Jedes Jahr ist ein neues Stück zu sehen (www.vineta-festspiele.de).

› **Swinemünder Orgelabende.** Den ganzen Sommer über finden jeden Freitagabend in der Christuskirche (Kościół Chrystusa Króla) in der Swinemünder Altstadt 39 Orgelkonzerte statt. Künstler aus ganz Europa spielen klassische und zeitgenössische Kompositionen.

› **Use-Tube.** An einem Wochenende Anfang Juli „erholen sich" die Konzertmuscheln in Bansin, Heringsdorf und

Ahlbeck von den gewohnten Klängen der Kurkonzertmusikanten, Country- und Schlagersänger. An ihrer statt treten junge Bands auf und spielen von Rock, Indie, Hip-Hop bis Punk alles, was lauter, schneller und kreativer ist als sonst in den Seebädern üblich.

- **Töpfermarkt in Morgenitz.** Am letzten Juliwochenende kommt Leben in das beschauliche Morgenitz mit seinen Kopfsteinpflastersträßchen und der alten Dorfkirche 24. Zum Töpfermarkt strömen Hunderte Besucher in das Dorf, um handgefertigte Keramik in Hülle und Fülle zu bestaunen und zu kaufen.
- **Benzer Kirchensommer.** Seit der damalige Pfarrer der Benzer St.-Petri-Kirche, Martin Bartels, 1969 den Kirchensommer in Leben rief, ist dieser eine feste Institution im Usedomer Kulturleben. An Dienstag- und Donnerstagabenden im Juli und August füllen klassische Konzerte das Gotteshaus (www.kirche-benz.de, unter „Kirchensommer").
- **Usedom-Beachcup.** Ende Juli oder Anfang August findet alljährlich eines der größten Beachvolleyball-Turniere der Welt am Strand von Karlshagen 6 statt. Mehr als 1000 Sportler messen sich auf 86 Feldern (www.usedom-beachcup.de).
- **Heringsdorfer Kaisertage.** Der Kaiser hat längst abgedankt, am ersten Augustwochenende aber feiern ihn die Heringsdorfer dennoch – mit einem bunten Festumzug und einem historischen Jahrmarkt. Dann macht Heringsdorf seinem Namen als Kaiserbad alle Ehre, die Menschen promenieren in Festkleidung von anno dazumal und versetzen ihren Ort in die Zeit der Jahrhundertwende zurück (www.kaisertage.info).
- **Festival der Slawen und Wikinger.** Über 2000 Mittelalterfans kommen jedes Jahr am ersten Augustwochenende in die Slawen- und Wikingersiedlung Wollin 50, um an einem der weltweit größten Mittelalterfeste teilzunehmen. In historischen Gewändern wird altes Handwerk vorgeführt und werden sogar riesige Schlachten inszeniert (https://jomsborg-vineta.com/#festiwal, nur auf Polnisch).
- **Baltic Spring Break.** An drei Tagen Mitte August (sic!) wird Ahlbeck zum Mekka fürs Partyvolk. Auf dem Musikfestival zelebrieren bekannte DJs der Dance-, Trance-, House- und Electroszene ihre Künste – und sich selbst – direkt am Strand (www.balticspringbreak.de).
- **Usedomer Volkstriathlon.** Wer im Urlaub nicht ruhig am Strand liegen kann, sollte sich Anfang August beim Volkstriathlon in Koserow anmelden. Auf dem Programm stehen 600 Meter Schwimmen entlang der Seebrücke, 11 bzw. 15 Kilometer Radfahren durch Koserow und Umgebung und ein 3 bzw. 4 Kilometer langer Strandlauf (www.triathlon-koserow.de).
- **Fama Festiwal in Swinemünde.** Zum Fama-Festival im August kommen über dreihundert junge Künstler aus ganz Polen und Europa, um erste Schritte auf den Bühnen der Stadt zu machen. Ob Musik, Theater, Tanz, Film oder bildende Kunst – in den Clubs, in der Kunststätte 44 oder auf der Strandpromenade finden sie Ort und Publikum für ihre ersten Auftritte (www.fama.org.pl, auf Polnisch).
- **Sail Świnoujście.** Jedes Jahr im August treffen sich große und kleine Segler aus dem ganzen Ostseeraum in Swinemünde. Am Ufer der Swine herrscht dann Volksfeststimmung mit Segelschiffparade, Seemannskonzerten und Jahrmarkt (www.sail-swinoujscie.pl, auf Polnisch).

Herbst

- **Internationaler Usedom-Marathon.** Anfang September geht es von Swinemünde quer über die Insel Usedom nach Wolgast. Wem die 42,195 km zu lang

Feiertage in Polen

- 1. Januar: **Neujahr**
- 6. Januar: **Heilige Drei Könige**
- März/April: **Ostermontag**
- 1. Mai: **Tag der Arbeit**
- 3. Mai: **Tag der Verfassung**
- Mai/Juni: **Fronleichnam** (Donnerstag, 60 Tage nach Ostern)
- 15. August: **Mariä Himmelfahrt**
- 1. November: **Allerheiligen**
- 11. November: **Unabhängigkeitstag**
- 25./26. Dezember: **Weihnachten**

sind, der kann sich auch zum Halbmarathon oder zur Marathonstaffel anmelden (www.usedom-marathon.de).

- **Usedomer Musikfestival.** Im September und Oktober werden Usedoms Kirchen, Schlösser, Museen und Konzertsäle für drei Wochen zum Klingen gebracht. Kammermusik und Sinfoniekonzerte mit Künstlern aus dem Ostseeraum bestimmen das Programm. Das Eröffnungs- und Abschlusskonzert findet im alten Kraftwerk des Historisch-Technischen Museums Peenemünde (2) statt (www.usedomer-musikfestival.de).
- **Usedomer Wildwochen.** Jedes Jahr im Oktober erfreuen die Usedomer Wildwochen den Gaumen. Restaurants bieten in dieser Zeit besondere Wildgerichte an, im Forstamt Neu Pudagla (18) lässt sich frisches Wildbret erwerben und in der Stadt Usedom wird die traditionelle Hubertusmesse veranstaltet. Karlshagen bietet ein buntes Kinderprogamm zum Thema Wald und in Krummin gibt es Lagerfeuer und Wildschwein am Spieß (www.wildwochen-auf-usedom.de).
- **Hans Werner Richter Literaturtage.** Im Hans-Werner-Richter-Haus (34) in Bansin widmen sich Literaturwissenschaftler und Historiker jedes Jahr im November im Rahmen eines dreitägigen wissenschaftlichen Kolloquiums literarischen Themen. Dabei lassen sie auch Hobby-Literaturliebhaber und Neugierige an ihren Debatten und Lesungen teilhaben.

Winter

- **Eisarena Heringsdorf.** Von Ende November bis Anfang März finden Schlittschuhläufer und Eishockeyspieler ihr Vergnügen auf der Freilufteisbahn an der Strandpromenade in Heringsdorf (www.eisarena-insel-usedom.de).
- **Weihnachtsmärkte.** Im Dezember wird es weihnachtlich auf Usedom. In vielen Seebädern, z. B. in Ahlbeck oder in Koserow, und im Schloss Stolpe werden an jeweils einem Adventswochenende beschauliche Weihnachtsmärkte veranstaltet.
- **Wintermärkte.** Wenn die Weihnachtszeit vorüber ist, öffnen in Zinnowitz und Heringsdorf die Wintermärkte ihre Tore. Rund um den Jahreswechsel gibt es Glühwein, Imbisse und Verkaufsbuden sowie ein Unterhaltungsprogramm in unmittelbarer Nähe zum Strand.
- **Usedomer Winterbadespektakel.** Schwimmen in der Ostsee fühlt sich ja manchmal sogar im Sommer wie Eisbaden an. Was muss da nur in jenen vorgehen, die sich Mitte Februar in Ahlbeck bunt kostümiert in die eiskalten Fluten stürzen? Mehr als 200 wagemutige Teilnehmer sollen es jedes Jahr sein – unter den Augen von über 2000 Zuschauern.

Wenig Schnickschnack, trotzdem unerreicht: die Fischplatte bei Tau'n Fischer un sin Fru (s. S. 29)

058ud-ab

Usedom kulinarisch

Wer Freude an **gutem und vielfältigem Essen** hat, findet auf Usedom und der Nachbarinsel Wollin geradezu paradiesische Zustände vor. Besonders die Kaiserbäder Bansin 33, Heringsdorf 36 und Ahlbeck 38 sowie Swinemünde (Świnoujście) warten mit einer fast nicht zu überblickenden Menge an Cafés, Bistros und Restaurants auf – vom hochpreisigen Gourmettempel bis zur rustikalen Fischbrötchen-Bretterbude. **Konkrete Empfehlungen** sind im ersten Teil des Buches im Abschnitt „Essen und Trinken" unter den jeweiligen Orten aufgelistet. Doch auch im Hinterland können Feinschmecker abwechslungsreiche Entdeckungen machen.

Ganz oben auf der langen Liste kulinarischer Spezialitäten stehen – wie es sich für eine Ostseeinsel nun einmal gehört – **Fischgerichte.** Ob fangfrisch gebraten oder geräuchert: Wer auf Usedom die Fischerboote am Strand anlegen sieht, kann die kurze Lieferkette des potenziellen späteren Gaumenschmauses live miterleben. Besonders frisch und köstlich zubereitet sind die Fischgerichte im Restaurant **Tau'n Fischer un sin Fru** (s. S. 29) in Zempin 12; berühmt für ihre hervorragende Fischsuppe ist **Carls Kneipe** (s. S. 63) in Ahlbeck.

Ein großes Highlight für Fischfreunde sind **Dej Usedomer Fischerwochen** (s. S. 102) im Frühjahr, genauso wie ein Besuch der unzähligen **Räuchereien** – besonders empfehlenswert sind die Fischräucherei **Klönsnack** (s. S. 51) in Kamminke 31 und **Zur alten Fischräucherei** in Rankwitz (s. S. 44). **Fischbrötchen** mit Matjes, Lachs, Butterfisch und vielem mehr gibt es sprichwörtlich an jeder Ecke.

Zu den kulinarischen Höhepunkten des Jahres zählen außerdem die **Usedomer Wildwochen** (s. S. 104) im Herbst, denn **Wildgerichte** sind ein nicht wegzudenkender Teil der vielfältigen **Pommerschen Küche,** die auf Usedom eine lange Tradition hat. Kreative Kochtalente der Insel wagen es zunehmend, traditionelle Rezepte

modern zu interpretieren und haben damit den Begriff der **Neuen Pommerschen Küche** geprägt. Unvergesslich sind die **Pommern-Tapas** im **Restaurant Remise** (s. S. 49) in Stolpe.

Natürlich darf man sich auch einen Ausflug in die **polnische Küche** nicht entgehen lassen – zum Beispiel im wunderbaren Restaurant **Kurna Chata** (s. S. 73) in Swinemünde. Die traditionell mehrgängigen Menüs in Polen werden gern mit einer **Suppe** wie z. B. Rote-Beete-Brühe *(barszcz czerwony)*, Fisch- oder Pilzsuppe *(zupa rybna, zupa grzybowa)* eröffnet.

Frischer Räucherfisch ist einfach ein Muss bei jedem Usedom-Urlaub

Eine vollwertige Mahlzeit ist dagegen die **Sauermehlsuppe „żurek"**, die oft in einem ganzen Brot serviert wird. Wer es deftig mag, sollte den traditionellen **Kohleintopf „bigos"** probieren. Neben einem schier unermesslichen Angebot an Fleisch- und Wurstspezialitäten sind außerdem **Teigspeisen** wie **„pierogi"** – mit Fleisch, Gemüse, Kartoffeln oder Früchten gefüllte Teigtaschen – und **„naleśniki"** – dünne süße oder herzhafte Pfannkuchen – zu empfehlen. Und natürlich gibt es auch an der polnischen Ostseeküste herrlich frischen Fisch in allen Variationen.

Vegetarier müssen sich an der Ostseeküste zwangsläufig darauf einstellen, auf Schritt und Tritt mit Fischgerichten konfrontiert zu werden. Die polnische Küche ist zudem ziemlich fleischlastig. Aber auch auf Usedom hat man den Trend zu vegetarischer Küche mitbekommen und in vielen Restaurants gibt es fleischlose Ge-

MEIN TIPP

Lokale mit guter Aussicht

Usedom ist zwar eher eine flache Insel, kann aber dennoch mit einer Vielzahl schöner Aussichten aufwarten. Das **Ostsee-Lift-Café** (s. S. 23) in Zinnowitz 8 ist diesbezüglich einer der Klassiker: Jeweils zur vollen Stunde schraubt es sich auf eine Höhe von 25 Metern und bietet eine wunderbare Perspektive auf Bäderarchitektur und Seebrücke.

Einen entspannenden Ausblick auf die Binnengewässer genießt man z. B. hier: Vom **Restaurant Schloon Idyll** (s. S. 131) betrachtet man den pittoresken Schloonsee, im **Restaurant Veermaster** (s. S. 19) in Karlshagen 6 fällt der Blick auf den Jachthafen und bei **Zur Alten Fischräucherei** (s. S. 44) schaut man auf den Peenestrom. Einen weiten Blick auf die Ostsee bieten die Lokale auf den Seebrücken von Heringsdorf 36 und Ahlbeck 38. In Misdroy 44 (Restauracja Port, s. S. 80) speist man direkt in den Dünen und bekommt mit etwas Glück einen Platz mit Sicht aufs Meer.

richte. Im El Papa – Cafe Hemingway (s. S. 73) in Swinemünde gibt es eine große Auswahl an **glutenfreien** Kuchen und Torten.

Auch mit **selbst gebrautem Gerstensaft** kann Swinemünde aufwarten: das *Świnoujskie jasne* ist ein helles, sehr mildes Bier. Wer es hochprozentiger mag, greift am besten zu einem **„Tollwütigen Hund“** (s. S. 74).

Aber Vorsicht: In **Polen** ist der **öffentliche Genuss von Alkohol** außerhalb gastronomischer Einrichtungen **verboten** und wird mit **Geldbußen** geahndet. Es ist also sicherer, auf einer der schönen Außenterrassen sitzenzubleiben, als sich mit einem Flaschenbier in die Dünen zu schlagen.

Was wo kaufen?

Einkaufen und shoppen kann man auf Usedom wunderbar – es sei denn, man befindet sich fernab der größeren Seebäder. Dann sollte man die mitunter eingeschränkten Öffnungszeiten der kleinen Supermärkte bei der Planung des Tagesprogramms berücksichtigen oder eine Hamsterfahrt zum nächstgelegenen Discounter erwägen. Handwerkskunst, Minigalerien, besondere Inselspezialitäten und kreative Souvenirs entdeckt man dagegen gerade auch in den abgelegenen Ecken der Insel.

Besonders Urlauber, die sich für eine Ferienwohnung oder den Campingplatz entschieden haben, sind auf **Supermärkte und Discounter** angewiesen. Aber auch Hotelgäste und Tagestouristen freuen sich angesichts der oft hohen Preise an Strandkiosken, in Restaurants oder Cafés über eine günstigere Einkaufsmöglichkeit. In Bansin 33, Heringsdorf 36 und Ahlbeck 38 hat man hiermit keine Probleme: Jedes der drei Kaiserbäder verfügt über mindestens zwei zentral gelegene Supermärkte, in Ahlbeck sind es sogar vier. Ebenso gut sieht es in Zinnowitz 8 aus, auch Karlshagen 6 kann mit zwei Discountern und einem regulären Supermarkt aufwarten. Das Seebad Ückeritz 17 verfügt über einen Supermarkt und einen Discounter, in Trassenheide 7 und Koserow 13 gibt es je eine Supermarktfiliale, in Loddin 16 und in Zempin 12 jeweils einen kleinen Einkaufsmarkt. Zur Herausforderung wird das Einkaufen dagegen im Achterland: Zwei Discounter in der Stadt Usedom 26 sind hier die einzigen großen Lebensmittelgeschäfte. Swinemünde (Świnoujście) und Misdroy (Międzyzdroje) 44 können dagegen

060ud-ab

mit jeweils mehreren Supermärkten aufwarten.

Die **Öffnungszeiten** auf Usedom sind während der Saison gut an touristische Bedürfnisse angepasst. Viele Supermärkte haben sogar an Sonntagen geöffnet. **Außerhalb der Saison** und in Orten mit kleineren Märkten muss man mit deutlich **eingeschränkten Öffnungszeiten** rechnen. Besser sieht es im **polnischen Teil** der Insel aus: In Swinemünde gibt es an jeder Ecke kleine Kioske, die Lebensmittel verkaufen und abends sehr lange, teils auch rund um die Uhr geöffnet haben.

Wer im Urlaub Lust auf **Shopping** hat, ist in den **Kaiserbädern** sowie in **Zinnowitz** gut aufgehoben. Entlang der Promenaden und Seebrücken, vor allem auf der Seebrücke in Heringsdorf, gibt es eine Vielzahl an **Mode-, Juwelier-, Antiquitäten- und Souvenirläden** zu entdecken. Das Angebot orientiert sich klar an den Bedürfnissen von Urlaubern und ist durchgängig eher hochpreisig.

Eine echte **Einkaufsgalerie** gibt es im deutschen Teil der Insel nicht, dafür aber in **Swinemünde:** Die **Galeria Corso** (s. S. 73) verfügt neben Filialen diverser Mode- und Schuhketten über einen Supermarkt und hat zudem **an Sonntagen geöffnet.** Unweit des **Grenzmarkts** (s. S. 73), der bei deutschen Urlaubern als „Polenmarkt" bekannt ist und neben Billig-Schnickschnack vor allem Zigaretten führt, kann man sich in Polen ebenfalls sehr gut mit Lebensmitteln des täglichen Bedarfs eindecken, beispielsweise auf dem **Markt „Pod Zegarem"** (s. S. 73) mit seinem wunderbar frischen, saisonalen Obst und Gemüse.

Dass Usedom mit seiner Abgeschiedenheit und der wechselvollen, inspirierenden Landschaft schon immer ein Mekka für Künstler war, kommt heute wiederum kunstinteressierten Urlaubern zugute. Eine Vielzahl von Galerien wie z. B. der **Kunstpavillon** (s. S. 59) in Heringsdorf und die **Galerie im Hühnerstall** (s. S. 27) in Neeberg bieten Bilder und Kunstgegenstände zum Erwerb an. Auch der Erhalt von traditionellem Kunsthandwerk wird auf der Insel großgeschrieben. Wunderschöne Gebrauchskeramik erhält man etwa in der **Keramikwerkstatt Dannegger** (s. S. 44) in Morgenitz. Ein besonderes Kleinod ist auch der liebevoll angelegte **Blumengarten,** in dem Künstlerin Annette Schröder in Mölschow ihre **Usedom Keramik** (s. S. 27) in Szene setzt.

Wer sich mit Urlaubsandenken oder Kleinigkeiten für die Blumen gießenden Nachbarn eindecken möchte, hat ebenfalls die Qual der Wahl.

Ein Herz für Bernstein

My home is my castle: Strandkörbe in Zempin 12

Ein Strandkorb als Souvenir?

Strandkörbe sind Kult. Was gibt es Schöneres, als wind- und sonnengeschützt am Wasser zu sitzen, dem Meeresrauschen zu lauschen, die salzige Luft einzuatmen und dabei ein Buch zu lesen? Von Frühjahr bis Herbst sind die Küsten an Ost- und Nordsee möbliert und das weiß-blau gestreifte Polster der Strandkörbe ist zum Symbol für Müßiggang im Sommerurlaub geworden.

Ach, könnte man dieses Lebensgefühl doch nur irgendwie aus dem Urlaub in den Alltag retten! Vielleicht ist dieser Gedanke gar nicht so abwegig. Strandkörbe kann man auf Usedom nämlich nicht nur mieten, sondern sich auch für den heimischen Garten kaufen oder eine Sonderanfertigung bestellen – so wie einst **Elfriede von Maltzahn,** die 1882 den ersten Strandkorb der Welt in Auftrag gab.

Die ältere Dame war an Rheuma erkrankt und bat den Rostocker Hofkorbmacher Wilhelm Bartelmann um eine schützende Sitzgelegenheit für den Strand. Dieser versah daraufhin einen aufrecht gestellten Wäschekorb mit einer Sitzbank und schlug ihn mit Stoff aus. Doch die eigentliche Geschäftsidee kam Elisabeth Bartelmann, der Frau des Korbmachers. Sie begann im Sommer 1883 damit, Strandlauben an Urlauber zu vermieten – und begründete damit die Tradition der Strandkörbe an Deutschlands Küsten.

In Heringsdorf 36 werden seit 1933 Strandkörbe gefertigt. Nach dem Zweiten Weltkrieg mauserte sich die enteignete Strandkorbfabrik des Ortes zum ostdeutschen Korbmacherzentrum; aufgrund des anhaltenden Werkstoffmangels zu DDR-Zeiten wurde hier der „Typ Platte“ aus Phenolharz und Sperrholz entwickelt.

Heute werden in der ältesten noch tätigen Strandkorbmanufaktur Deutschlands (s. S. 61) hochwertige Strandkörbe in Handarbeit aus Holz und witterungsbeständigem Kunststoffgeflecht gefertigt. Für etwas mehr als 1000 Euro kann man sich den Traum vom eigenen Strandkorb hier erfüllen.

061ud-ab

Die bekannten **Souvenirs** wie mit Usedom-Logos bedruckte Strandtücher, Muschelkästchen sowie Robben und Möwen in allen Variationen gehören zum Standardangebot in touristisch hoch frequentierten Orten wie Zinnowitz oder den Kaiserbädern.

Auch **typische Inselprodukte** sind ideal als Mitbringsel geeignet: zum Beispiel köstlicher Kaffee oder Likör aus dem Wasserschloss Mellenthin, haltbarer, eingeschweißter **Räucherfisch,** etwa von der Fischräucherei „Klönsnack“ (s. S. 51), oder die wertvollen, auf Usedom hergestellten **Sanddornprodukte,** die in vielen Supermärkten zu haben sind.

Originell ist auch das **Krumminer Backbuch** „Zum Nachbacken, Genießen und Erinnern“, das alte Rezepte aus der Klosterbackstube der Zisterzienserinnen beinhaltet und in der **Pfarrkirche St. Michael in Krummin** 11 zum Verkauf ausliegt.

Vielerlei kreative Gebrauchsgegenstände und Mitbringsel kann man zudem in den über das gesamte **Usedomer Hinterland** verstreuten **Hofläden** finden. Bespiele sind der **Hofladen Villa Kunterbunt** (s. S. 26) in Neuendorf oder **Zur Pferdetränke** (s. S. 27) in Krummin. Eine Besonderheit stellen die kleinen, privaten **Verkaufstischchen im Achterland** dar, die vor allem auf dem Lieper Winkel 25 je nach Jahreszeit frisches Obst und Gemüse, Blumen, Handarbeitswaren und kleine Souvenirs bereithalten. Bezahlt wird über „Kassen des Vertrauens“.

Am Achterwasser bei Zempin 12 erlebt man die Natur der Insel in all ihrer Ursprünglichkeit

Natur erleben

Zu den herausragendsten Attraktionen Usedoms zählt zweifellos seine facettenreiche **Natur.** Wohin das Auge auch blickt, bieten sich ihm die schönsten Landschaften von atemberaubend bis beruhigend: schroffe Steilküsten ebenso wie sanft gewellte Dünen, üppige Wildblumenwiesen genauso wie dichte Wälder. Selbst mit kleineren **Erhebungen** wie dem **Streckelsberg** (s. S. 30) und dem **Golm** 32 kann die Insel aufwarten – von dort aus kann man den Blick ganz besonders weit schweifen lassen. Nicht zu vergessen sind natürlich die typischen **Usedomer Wasserlandschaften:** die ausgedehnten, feinen Sandstrände an der Ostseeküste, das ruhige Achterwasser mit seiner großen Artenvielfalt, das Stettiner Haff sowie eine Vielzahl schilfumstandener, idyllischer Seen und Moore. Im Gegensatz zum **Achterwasser,** das eine Lagune des Peenestroms darstellt und sich als Surf- und Segelrevier großer Beliebtheit erfreut, ist das **Stettiner Haff** ein vom offenen Meer abgetrennter Brackwasserbereich. Dieses spezielle Gemisch aus Süß- und Salzwasser bietet wiederum einen besonderen Lebensraum für viele Fisch-, Muschel- und Krabbenarten.

In kaum einer anderen Region Deutschlands erlebt man eine derartige Bandbreite abwechslungsreicher Landschaftsformen auf engstem Raum wie auf Usedom. Diese entstanden unter dem formenden Einfluss von **Naturgewalten:** Die Insel gehört zu einem **Endmoränenbogen,** der vor etwa 15.000 Jahren durch zurückschmelzendes Eis entstand. Hierdurch stieg der Wasserspiegel der Ostsee an; in der Folge

062ud-ab

entstanden die langen Sandstrände im Küstenbereich.

Auf Usedom erhaltene **Findlinge** aus Skandinavien und vom Grund der Ostsee sind ebenfalls Zeugen der ehemaligen Vergletscherung der Insel, da sie mit dem Eis hierher transportiert wurden. Eine Übersicht über die Findlingsarten und andere geologische Besonderheiten Usedoms bekommt man im **Gesteinsgarten des Forstamtes Neu Pudagla** 18.

Starke Winde und **Sturmfluten** machen den Insulanern seit eh und je zu schaffen und schädigen bis heute Steilküsten und Uferbereiche. Dies ist insbesondere für stark **schrumpfende Inseln** wie den **Ruden** 4 problematisch und wird mithilfe eines konsequenten Uferschutzes bestmöglich eingedämmt. Doch Sturmfluten nahmen auch einen positiven gestalterischen Einfluss auf die Insel: Durch die ihnen nachfolgenden Überflutungen bildeten sich die für Usedom so typischen **Moorlandschaften** heraus.

Die vielfältige Natur der Insel steht in einem interessanten Wechselspiel zu ihrer über Jahrhunderte gewachsenen **Kulturlandschaft** mit pittoresken Fischerdörfchen, Reetdachhäusern und alter Hofarchitektur.

Auch die **Flora und Fauna** ist ein Spiegelbild der Besonderheiten dieses Lebensraums: An wasserreichen Moränenstandorten stellen **Buchen** die Hauptbaumart, während die sandigen Dünenwälder an den Küsten vor allem aus Kiefern bestehen. Doch auch Eichen, Erlen und Birken kommen auf der Insel häufig vor. Die wechselvolle Landschaft sowie die Abgeschiedenheit vieler Gegenden werden längst nicht nur von erholungssuchenden Touristen, sondern zugleich von vielen **Vogelarten** hochgeschätzt. Usedom gehört mit über 280 beobachteten Arten zu den vogelreichsten Gebieten Deutschlands und ist besonders berühmt für seine Greifvögel, zu denen auch der majestätische, aber sehr scheue **Seeadler** zählt. Häufiger zu beobachten sind Weißstörche, Eisvögel, Graureiher und Kraniche. Während des **Vogelzugs** nutzen Zehntausende gefiederter Gäste die Insel als kraftspendendes Zwischenquartier. Neben den weit verbreiteten **Fischottern**, vor deren mitunter spontanen Kreuzzügen Straßenschilder warnen, zählen vor allem die in **zwei Reservaten** gehaltenen **Wisente** zu den Besonderheiten der auf Usedom vertretenen Tierwelt. Letztere lassen sich im Wisentpark Insel Usedom 29 im Achterland und im Wisent-Schaugehege 47 auf der Insel Wollin beobachten.

Der gesamte deutsche Teil der Insel wird als **Naturpark Insel Usedom** mit insgesamt 14 darin ausgewiesenen Naturschutzgebieten geführt. Eines der ältesten ist das **Naturschutzgebiet Peenemünder Haken, Struck und Ruden** mit einer Größe von insgesamt 3500 Hektar. Weiterhin stehen u.a. die Südspitze der Halbinsel Gnitz 10, der Gothensee mit dem benachbarten Niedermoor Thurbruch sowie die Moorlandschaft der Mellenthiner Os und die 110 Hektar große Vogelinsel Görmitz [C4] im Achterwasser unter besonderem Schutz.

Zu den schönsten Naturlandschaften im **polnischen Teil** Usedoms und auf Wollin gehören die **Insel Kaseburg (Kasibór)** 43 mit ihren verschlungenen Gewässern und der dort heimischen Vogelwelt sowie der **Nationalpark Wollin** 45 mit seinem beeindruckenden Türkissee 48.

Als **Besucherinformationszentrum** des Naturparks Insel Usedom fungiert das **Klaus-Bahlsen-Haus** (s. S. 47) in der Stadt Usedom 26. Dort gibt es neben einer sehenswerten Ausstellung auch Angebote für **geführte Touren** durch Usedoms Naturlandschaften. Das **Naturkundemuseum des Nationalparks Wollin** 45 hält ebenfalls viele Hintergrundinfos bereit.

› **Infos:** www.naturpark-usedom.de

Von den Anfängen bis zur Gegenwart

Usedom und Wollin standen nie im Fokus der großen Weltgeschichte. Und doch spiegelt sich der Lauf der deutschen, polnischen und europäischen Historie in der Vergangenheit beider Ostseeinseln.

8000–3000 v. Ch. erste menschliche Besiedlung Usedoms in der Mittelsteinzeit

8. Jh. n. Ch. Slawische Stämme wandern auf die Insel ein. Bis Mitte des 12. Jh. erlebt die slawische Kultur und Gesellschaft ihre Blütezeit.

1128 Auf dem Landtag von Usedom nehmen die Slawen das Christentum an.

1152/53 In unmittelbarer Nähe der slawischen Frühstadt Usedom 26 wird das Kloster Grobe gegründet. Als zeitweilige bischöfliche Residenz erlangt es große Bedeutung im Herzogtum Pommern und erwirbt erheblichen Grundbesitz auf der Insel Usedom. Anfang des 14. Jh. wird das Kloster nach Pudagla (heute Standort von Schloss Pudagla 19) verlegt.

13. Jh. Deutsche Siedler wandern verstärkt nach Usedom ein.

1535 Das Kloster Pudagla wird im Zuge der Reformation – die nun auch das pommersche Herzogtum erreicht – aufgelöst. Die Verwaltung der umfangreichen Klostergüter geht in die Hände herzoglicher Beamter über.

1648 Nach dem Dreißigjährigen Krieg (1618–1648) fällt Vorpommern mit den Inseln Usedom und Wollin an Schweden. Die Schwedenzeit wird von wiederholten kriegerischen Auseinandersetzungen mit Brandenburg-Preußen geprägt.

1720 Während des Großen Nordischen Kriegs (1700–1721) verliert Schweden seine Hoheit über große Teile Vorpommerns. Fortan gehören Usedom und Wollin zu Preußen.

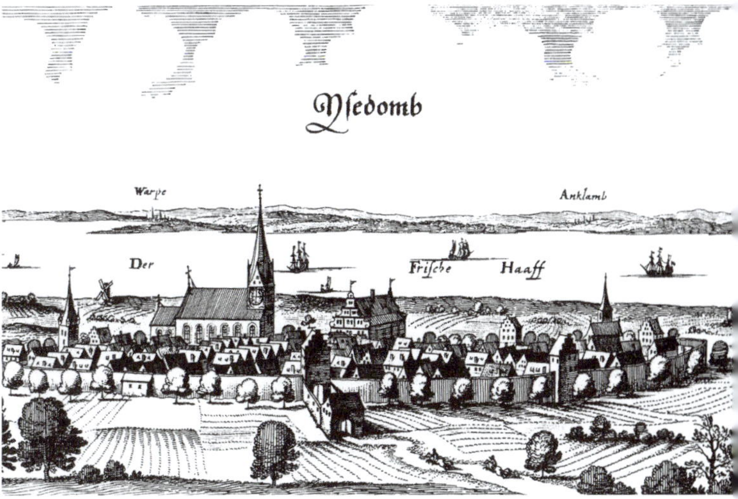

064ud

1740 Friedrich II. (1712–1786) lässt die Swine schiffbar machen und einen Hafen bauen. Die Maßnahmen sorgen für einen schnellen wirtschaftlichen Aufschwung an der Swinemündung.

1765 Am 3. Juni erhält Swinemünde das Recht, einen Magistrat einzurichten. Der Tag gilt als Gründungsdatum der Stadt.

1806 Usedom wird von Napoleonischen Truppen und ihren Verbündeten besetzt. Die Besatzung dauerte mit Unterbrechungen bis 1813.

1824 Eine Mode aus England erreicht Usedom: Das Seebaden wird populär. In Swinemünde wird die erste Badesaison eröffnet, im Jahr darauf wird auch in Heringsdorf 36 der Badebetrieb aufgenommen.

1876 Der erste Zug fährt von Berlin über die Eisenbahnbrücke bei Karnin 27 nach Swinemünde. Damit rückt Usedom näher an die große Welt und erlebt einen wirtschaftlichen Aufschwung.

Kupferstich der Stadt Usedom 26 aus der Mitte des 17. Jh.

1880 Die Kaiserfahrt (Kanał Piastowski), ein Kanal, der die Swine mit dem Stettiner Haff verbindet, wird eröffnet. Dadurch wird Stettin mit seinem Vorhafen Swinemünde zum bedeutendsten deutschen Hafen an der Ostseeküste.

1936 In Peenemünde 1 wird mit dem Bau der Heeresversuchsanstalt begonnen. Sechs Jahre später finden die ersten erfolgreichen Raketentests statt.

1943 Die britische Royal Air Force bombardiert am 17./18. August Peenemünde. Irrtümlich wird auch ein Lager mit Zwangsarbeitern in Trassenheide 7 angegriffen. Dabei kommen über dreihundert Gefangene ums Leben.

1945 Am 12. März bombardieren amerikanische Luftstreitkräfte Swinemünde. Die mit vermutlich rund 70.000 Flüchtlingen überfüllte Stadt wird stark zerstört. Tausende Menschen sterben.

1945 Am 4. Mai nimmt die Rote Armee Usedom vollständig ein. Auf der Potsdamer Konferenz wird der neue Grenzverlauf Deutschlands festgelegt. Swinemünde und die Insel Wollin werden polnisch.

063ud

1953 Während der „Aktion Rose“ (s. S. 22) werden viele private Betreiber von Hotels und Pensionen enteignet.

1956 Gründung der Nationalen Volksarmee der DDR. Usedom entwickelt sich zu einem wichtigen Standort der Marine- und Luftstreitkräfte. In Swinemünde prägt bereits seit Kriegsende die sowjetische und polnische Kriegsmarine das Alltagsleben der Bewohner.

1965 Beginn der Erdölförderung auf Usedom (s. S. 25)

1981 In Swinemünde wird – wie in ganz Polen – das Kriegsrecht verhängt. Es gilt bis 1983. Aktivisten der Gewerkschaft Solidarność werden verhaftet.

1989 Politische Wende in Polen und der DDR. Usedom verliert in der Folge weitgehend seine militärische Bedeutung.

2004 Polen tritt der EU bei.

2007 Polen tritt dem Schengener Abkommen bei. Die Grenzkontrollen auf Usedom werden eingestellt.

2015 In Swinemünde wird ein riesiges Flüssiggasterminal eröffnet. Es soll Polen von Gaslieferungen aus Russland unabhängig machen.

2020: Schließung der Reparaturwerft „Gryfia“ in Swinemünde. Etwa 200 Menschen verlieren ihre Arbeit.

2021: In Koserow wird ein Prestigeprojekt fertiggestellt: eine ungewohnt moderne, wellenförmig geschwungene Seebrücke mit Veranstaltungsplattform und Glockenturm.

2023: Eröffnung des Swinetunnels zwischen den Inseln Usedom und Wollin – mit 1,8 km der längste Unterwassertunnel Polens. Die großen Autofähren werden eingestellt, eine Stadtfähre verkehrt aber weiterhin.

Swinemünde 1895: beliebtes Seebad und aufstrebende Hafenstadt

PRAKTISCHE REISETIPPS

066ud-ab

An- und Rückreise

Ein- und Ausreisebestimmungen

Einst teilten Grenzanlagen die Insel Usedom, doch diese Zeiten sind vorbei. Heute gelangt man **ohne Grenzkontrollen** vom deutschen Teil der Insel ins polnische Swinemünde (Świnoujście) und nach Wollin. Allerdings muss bei **Fahrten nach Polen** weiterhin ein **Personalausweis oder Reisepass** mitgeführt werden.

Mit dem Auto

Viele Urlauber reisen mit dem Auto nach Usedom. Das spürt man in der **Hochsaison,** wenn sich an den beiden Nadelöhren der Insel – den **Peenebrücken** in Wolgast und Zecherin – regelmäßig **Staus** bilden. Vor allem an Samstagen sind die Autoschlangen in beide Richtungen lang, weil sehr viele Gäste an- und abreisen. Für zusätzliche Verzögerung sorgt die **Öffnung der beiden Brücken für den Schiffsverkehr.** Fünf- bis sechsmal am Tag werden sie für 15 Minuten (Zecherin) bzw. 30 Minuten (Wolgast) aufgeklappt, um Schiffe passieren zu lassen.

Autofahrer können zwischen **drei möglichen Anfahrtswegen** wählen:

- **Aus Richtung Hamburg:** Die Anreise erfolgt über die A1 und A20 an Greifswald vorbei bis zur Abfahrt Gützkow. Von dort führt die Fahrt über die B111 über Wolgast auf die Insel Usedom. Wer in die Kaiserbäder Bansin 33, Heringsdorf 36 und Ahlbeck 38 oder nach Swinemünde (Świnoujście) möchte, fährt von der Abfahrt Gützkow aus besser über Anklam auf die Insel.
- **Aus Richtung Berlin:** Über die A11 und A20 führt die Anreise zunächst bis zur Abfahrt Pasewalk-Süd. Von dort geht es über die B109 nach Anklam, schließlich über die B110 ins Usedomer Achterland und weiter bis in die Kaiserbäder an der Ostsee. Den Inselnorden erreicht man besser über die A20 bis Gützkow und dann weiter auf der B111 in Richtung Wolgast.
- **Aus Richtung Berlin über die Insel Wollin:** Wollin erreicht man über die A20 und die A6 bis Stettin (Szczecin) und weiter über die Schnellstraße S 3 bis nach Misdroy (Międzyzdroje) 44 oder Swinemünde. Da die Strecke sehr gut ausgebaut und relativ wenig befahren ist, kann man sie ebenso für die Fahrt in die Kaiserbäder nutzen. In Swinemünde verbindet ein Tunnel unter der Swine die beiden Inseln Wollin und Usedom (s. S. 71).

Vorseite: Über den Dächern von Swinemünde – Blick vom Lutherkirchturm *(s. S. 67)*

Mit der Bahn

Mit dem Zug erreicht man Usedom über die **Regionalbahnverbindung** zwischen **Berlin und Stralsund.** Am kleinen Bahnhof in **Züssow** steigt man in die **Usedomer Bäderbahn (UBB)** um, die das Festland mit den Seebädern auf Usedom verbindet. Dann geht es weiter nach Zinnowitz 8, Ückeritz 17, Heringsdorf oder **Swinemünde (Świnoujście),** der östlichen **Endhaltestelle** der UBB. Einige Züge der UBB fahren auch direkt von Stralsund über Greifswald nach Usedom. Das **Deutschlandticket** gilt übrigens in der UBB bis ins polnische Swinemünde.

Wer nach Swinemünde reist, kann auch die **Bahnverbindung über Polen** nutzen. Sie führt von Berlin mit Umstieg in Stettin nach Swinemünde. Allerdings endet die Fahrt rechts der

067pd-ab

Swine. Um ins Swinemünder Stadtzentrum bzw. die Altstadt 39 oder zum Bahnhof der UBB zu gelangen, muss man mit der **kostenlosen Fähre** (s. S. 68) den Fluss überqueren. Vor allem für Radfahrer ist dies eine günstige Möglichkeit, um nach Usedom zu gelangen (Kosten für die Fahrt von Berlin nach Swinemünde inkl. Fahrrad mit dem Regionalzug: ca. 20 €).

› **Deutsche Bahn:** www.bahn.de
› **Polnische Bahn:** www.rozklad-pkp.pl/de (auch auf Deutsch)

Mit dem Fernbus

Auch mit Fernbussen erreicht man die Ostseebäder auf Usedom. Die **Usedomer Bäderbahn (UBB)** betreibt als regionaler Anbieter Fernbuslinien, die zwischen **Berlin** bzw. **Hamburg** (über Rostock/Greifswald) und vielen Haltestellen auf der Insel Usedom verkehren. Eine **einfache Fahrt** kostet 29 €, Hin- und Rückfahrt 49 €.

› **Fernbusse der UBB:** www.ubb-online.com

Mit dem Flugzeug

An Wochenenden herrscht reger Betrieb am **Flughafen Heringsdorf** – zumindest von Mai bis Oktober. Die Rhein-Neckar Air fliegt wöchentlich von Kassel und Mannheim, die Lufthansa steuert Usedom von Frankfurt/Main aus an und die Luxair bringt Passagiere aus Luxemburg an die Ostseeküste. Welche Fluggesellschaften Usedom von welchen Flughäfen aus anfliegen, ändert sich allerdings von Jahr zu Jahr.

› **Infos:** www.flughafen-heringsdorf.de, Tel. 038376 2500

Tatsächlich liegt der Heringsdorfer Flughafen nicht in Heringsdorf, sondern in der Nähe der Dörfer Garz und Zirchow am Stettiner Haff. Mit dem

Vorsicht, Stau! Nur zwei Straßen führen vom deutschen Festland nach Usedom

Taxi oder den **Linienbussen 284 und 286** der Usedomer Bäderbahn gelangt man in die Kaiserbäder.

Mit dem Fahrrad

Über den **Radfernweg Berlin–Usedom** erreichen sportliche Urlauber die Ostseestrände mit reiner Muskelkraft. Die Strecke führt durch das Barnimer Land, die Uckermark und durch Vorpommern. Lohnende Abkürzungen bieten die Fähren von Ückeritz nach Kamminke 31 über das Stettiner Haff sowie von Kamp nach Karnin über den Peenestrom.

› **Radfernweg Berlin – Usedom:** www.berlin-usedom-radweginfo.de
› **Fähre Ueckermünde – Kamminke:** www.reederei-peters.de (unter „Fahrplan")
› **Fähre Kamp – Karnin:** www.faehre-kamp-karnin.de (unter „Fahrplan und Preise")
› **Fähre Freest – Kröslin – Peenemünde:** unter www.schifffahrt-apollo.de (ans Ende scrollen)

Auch für Privatpiloten ist Usedom ein attraktives Flugziel

Autofahren

Wer mit dem Auto vom deutschen Teil der Insel Usedom nach **Polen** fährt, sollte einige **abweichende Verkehrsregeln** beachten. So müssen Auto- und Motorradfahrer das ganze Jahr auch tagsüber mit Abblendlicht fahren und die Alkoholgrenze liegt mit 0,2 Promille niedriger als in Deutschland, Österreich oder der Schweiz. Für Pkws gelten folgende Tempolimits: innerorts 50 km/h (von 23 bis 5 Uhr 60 km/h), auf Landstraßen 90 km/h, auf Schnellstraßen 100 km/h und auf Autobahnen 140 km/h.

Barrierefreies Reisen

Usedom ist als **traditionelles Kurgebiet** gut an die Bedürfnisse von Menschen mit Einschränkungen angepasst. Doch nicht nur Reisende mit Handicap, sondern auch Familien mit Kinderwagen und schwer bepackte Fahrradtouristen erfreuen sich an den **breiten und gut gepflasterten Strandzugängen** aller Seebäder, einschließlich der polnischen Bäder Swinemünde (Świnoujście) und Misdroy

(Międzyzdroje) 44. Dort gibt es jeweils auch **barrierefreie Toiletten.** Zudem sind die meisten öffentlichen Gebäude und Lebensmittelgeschäfte sowie eine große Anzahl von Unterkünften auf der Insel barrierefrei.

Genauere Auskünfte kann man in allen **Toisteninformationen** erfragen. Dort erhält man auch die (etwas veraltete) **Broschüre „Barrierefrei auf der Insel Usedom"**, die sich zudem telefonisch bestellen lässt.

Die **Usedomer Bäderbahn (UBB)** und die **Ostseebus GmbH** sind ebenfalls gut auf Gäste mit Handicap eingestellt. Weiterhin sind auf der Insel **behindertengerechte Mietfahrräder** ausleihbar; in Zinnowitz 8, Koserow 13 und Trassenheide 7 sind spezielle **Strandrollstühle** vorhanden. In Trassenheide werden diese kostenlos zur Verfügung gestellt.

› **Bestellung der Broschüre und weitere Informationen:** Usedom Tourismus GmbH (s. S. 128)

Geldfragen

Usedom ist **kein ganz günstiges Urlaubsparadies.** Das merkt man an den Preisen für Hotels und Pensionen sowie in den Cafés und Restaurants, insbesondere in den **Kaiserbädern** Bansin 33, Heringsdorf 36 und Ahlbeck 38. Doch jenseits der prächtigen Uferpromenaden in den Seebädern lassen sich durchaus erschwingliche Unterkünfte entdecken. Über Supermärkte und Discounter kann man sich zudem günstig selbst versorgen.

Auch in **Swinemünde** (Świnoujście) und auf der Nachbarinsel Wollin sind die Preise in den vergangenen Jahren **stark gestiegen.** Unterkünfte, Restaurants, Frisör- und Wellnessangebote sind aber in der Regel noch immer **günstiger als auf dem deutschen Inselteil** (gilt nicht für Cafés).

Offizielles Zahlungsmittel in Polen ist einzig der **Złoty**, abgekürzt PLN oder zł (1 Złoty = 100 Groszy). Man kann in Swinemünde und Misdroy vielerorts zwar auch in Euro zahlen, oft jedoch zu einem inzwischen sehr schlechten Kurs von 1:4. Es empfiehlt sich daher, Geld in der **Wechselstube** *(kantor)* zu tauschen. Aber auch hierbei ist Vorsicht geboten: An einigen Wechselstuben wird mit einem vermeintlich guten Verkaufskurs von Euro geworben, wobei doch der (schlechtere) Ankaufskurs für deutsche Urlauber entscheidend ist.

In Swinemünde und Misdroy ist auch das Bezahlen mit **Debit- oder Kreditkarte** in Geschäften, Restaurants und Hotels problemlos möglich (auf deutscher Seite gestaltet sich das schon schwieriger). Geldautomaten und Kartenlesegeräte in Polen bieten manchmal an, dass die Abrechnung mit dem eigenen Konto in Euro erfolgen kann (Dynamic Currency Conversion, kurz DCC). Wählt man diese Option, die ja sicherer erscheint, wird der Transaktion jedoch ein ungünstiger Wechselkurs zugrunde gelegt, der erhebliche Kosten verursachen kann. Deshalb sollte man stets die Abbuchung in Landeswährung wählen, die sich am offiziellen Devisenkurs orientiert.

Wechselkurs

(Stand: Anfang 2024)

1 zł	0,23 € bzw. 0,22 SFr
1 €	4,37 zł
1 SFr	4,59 zł

Usedom preiswert

Usedom und preiswert? Es gibt sicher günstigere Urlaubsregionen, denn dank ihrer **Beliebtheit** kann sich die Insel selbst überteuerte Freizeitangebote offensichtlich leisten.

Auch **Swinemünde** boomt, was dort in den vergangenen Jahren zu erheblich gestiegenen Preisen geführt hat. Selbst auf der polnischen **Insel Wollin** sollte man sich nicht auf ein niedriges Preisniveau verlassen.

069ud-ab

Andererseits: **Hauptattraktion** der Insel sind doch **der Strand und das Meer** – und bis auf die **Kurtaxe** ist dieses Vergnügen kostenfrei. Ausreichend Supermärkte zur Selbstverpflegung gibt es auch. Ein paar Tipps zur Schonung des Urlaubsbudgets gibt es dennoch:

- **Unterkünfte**: Außerhalb der Hochsaison im Juli/Aug. lassen sich über Buchungsportale einigermaßen günstige Appartements in Swinemünde buchen. Im Usedomer Hinterland gibt es ebenfalls die eine oder andere erschwingliche Pension (die leider manchmal schwer im Internet zu finden ist).
- **Cafés und Restaurants:** Von recht günstig über happig bis luxuriös findet man alles auf der Insel. Entsprechende Tipps in diesem Buch haben in aller Regel ein gutes Preis-Leistungs-Verhältnis. Restaurants sind in Polen tendenziell etwas günstiger (Hauptgerichte ca. 10 €), Cafés hingegen nicht.
- **Veranstaltungen:** Alle Ostseebäder auf Usedom haben einen umfangreichen Veranstaltungskalender mit Vorträgen, Konzerten, Ortsrundgängen und Wanderungen. Für Inhaber der Kurkarte sind diese in der Regel kostenfrei. Infos gibt es in den jeweiligen Touristeninformationen.
- **Stadtfähre Swinemünde:** Radfahrer und Fußgänger setzen kostenlos von einem Ufer der Swine zum anderen über.

„Kulturzellen“: Büchertauschorte wie diesen in Karlshagen gibt es in mehreren Orten Usedoms

Kurtaxe

Schon vor einhundert Jahren spottete **Kurt Tucholsky** über den Saisonbeginn auf Usedom: „Die fleißigen Gemeindeväter treten zu ernster Beratung zusammen: gilt es doch, die Kurtaxe mit Rücksicht auf den Ernst der Zeit um das Dreifache zu erhöhen und den lieben Gästen das Leben im Ort so angenehm wie möglich zu gestalten."

Dieses Ritual existiert noch immer in den deutschen und polnischen Ostseebädern auf Usedom und Wollin (auch wenn Frauen längst die Geschicke der Gemeinden mitbestimmen). Im deutschen Teil Usedoms haben die Seebäder 2023 gar eine Art Revolution ausgerufen: Endlich wird eine **einheitliche Kurtaxe** erhoben und die Kurkarte gegenseitig in allen Seebädern anerkannt. In der Hauptsaison kostet diese nun 3,90 € pro Tag, in der Nebensaison 3,20 €. Ganz schön happig, dafür aber ermöglicht sie allen Kurgästen, Busse und Bahnen auf der ganzen Insel kostenlos zu nutzen.

Allen Kurgästen? – Nein, das kleine Ostseebad **Loddin** 16 schert aus. Zwar wird es auch dort die inselweite Kurkarte geben, allerdings für 2,70 € bzw. 2 €, da ohne ÖPNV-Ticket.

Die Kurtaxe wird in der Regel vom **Hotel oder Vermieter** abgeführt. In den deutschen Seebädern müssen auch **Tagestouristen** die obligatorische Abgabe entrichten, und zwar am Automaten oder in den Kurverwaltungen. Für eventuelle Kontrollen muss die Kurkarte stets mitgeführt werden.

Auch in **Polen** muss Kurtaxe gezahlt werden. In Swinemünde sind es ganzjährig 5,40 zł (ca. 1,15 €), in Misdroy 2,50 zł (0,50 €). Sie wird aber nur bei **Übernachtung** fällig, Tagestouristen müssen sie nicht entrichten. Lediglich für den Besuch des **Nationalparks Wollin** 45 ist seit 2022 eine Tagesgebühr fällig.

An der Begründung für die Kurtaxe hat sich seit einhundert Jahren wenig geändert. Sie soll noch immer das Leben vor Ort so angenehm wie möglich gestalten: mit geführten Wanderungen, Kurkonzerten und Unterhaltungsprogrammen in den Konzertmuscheln sowie picobello gepflegten Stränden und Promenaden.

Informationsquellen

Infostellen auf der Insel

In allen Seebädern auf Usedom und Wollin sowie in der Stadt Usedom 26 gibt es **Touristeninformationen** bzw. **Kurverwaltungen**, die umfangreiche Auskünfte zu den jeweiligen Orten und die Umgebung geben können. Dort sind auch diverse Broschüren und gedruckte Veranstaltungskalender erhältlich. Alle Details sind im ersten Teil des Buches unter „Infos und Reisetipps" bei den jeweiligen Orten gelistet.

Usedom im Internet

Die **Touristeninformationen** der einzelnen Seebäder informieren auch im Internet umfassend über touristische Angebote und Veranstaltungen; die Websites finden sich im ersten Teil des Buches unter „Infos und Reisetipps". Weitere Empfehlungen:

- **www.usedom.de:** Info-Plattform der Usedom Tourismus GmbH, die Wissenswertes über die Insel bündelt und über die man auch Unterkünfte buchen kann

070ud-mb

Unsere Literaturtipps

- Kolbe, Uwe: **Mein Usedom,** mareverlag, 2015. Ein Jüngling flieht aus der Wärme seines Pionier-Doppelstockbettes an den winterlichen Ostseestrand und verfasst dort in einem Taumel pubertärer Gefühle sein erstes Gedicht. Als Erwachsener kehrt der Autor K. an diese Wiege seines Schaffens zurück, philosophiert über Vineta (s. S. 32), Feininger (s. S. 42) und Cézanne und führt endlos-skurrile Dialoge – ausgerechnet mit Wernher von Braun. Eine rauschhafte, exzentrische, verwirrende Lektüre, die eher etwas für den Lesesaal als für den Strandkorb ist.
- Pupke, Elke: **Ostseekrimis,** Hinstorff Verlag. Gefühlt die Hälfte aller Inselbewohner wurde ja bereits in den Usedom-Krimis der ARD ermordet. Der anderen Hälfte rückt seit 2013 Elke Pupke zu Leibe. Damals erschien ihr erster Ostseekrimi „Die Toten von Bansin", neun weitere Geschichten der gebürtigen Bansinerin folgten – allesamt mit viel Lokalkolorit. Leichte Strandkorblektüre für Fans von Regionalkrimis.
- Richter, Hans Werner: **Geschichten aus Bansin,** Wagenbach, 2008. In sieben Geschichten erzählt Hans Werner Richter von seinem Vater, der in Bansin 33 zunächst Fischer, dann Bademeister und schließlich Tankwart war. Mit großer Leichtigkeit berichtet der Begründer der Schriftstellervereinigung Gruppe 47 von den einfachen Leuten auf Usedom und ihrem Leben im Schatten der großen Geschichte zwischen Kaiserzeit und DDR.
- Richter, Hans Werner: **Spuren im Sand,** Hinstorff, 2015. Der Erzähler erinnert sich an seine Kindheit und Jugend in Bansin, verzweifelt an seiner ersten Liebe und verzagt am Zwang, einen Beruf ergrei-

- **www.meer-usedom.de:** Infoportal des Tourismusvereins OstseeInsel Usedom mit vielen Freizeittipps und einem Onlinebuchungssystem für Unterkünfte
- **www.usedomer-bernsteinbaeder.de:** Auf dem gemeinsamen Internetauftritt der Bernsteinbäder findet man nicht nur viele Infos zu Zempin 12, Koserow 13, Loddin 16 und Ückeritz 17 sowie einen Veranstaltungskalender, sondern auch Unterkünfte auf der schmalen Landenge zwischen Ostsee und Achterwasser.

Touristeninformation in Misdroy 44

Publikationen und Medien

Zu den schönsten Publikationen über Usedom zählen die mit viel Liebe **von Hand gezeichneten Karten** der Insel von Ulrike Krause (Insel Intim Verlag). Sowohl die Übersichtskarte Usedom mit Rad- und Wanderkarte als auch die Usedom-Kinderkarte enthalten viele Tipps und sind in den Buchläden und Kiosken der Insel erhältlich. Direkt bestellen kann man sie unter www.insiderkarten.de. In den Touristeninformationen erhält man **Ortspläne** – in einigen kostenlos, in anderen gebührenpflichtig für Nichtkurgäste des Ortes.

Tagesaktuelle Nachrichten zu allem, was die Insel bewegt, liest man in der **Usedomer Regionalausgabe der**

fen zu müssen. Und dabei wird jede Zeile zur liebevollen Hommage an seine verständnisvolle Mutter. Das Buch, das 1953 erstmals erschien, ist eine wunderbare Strandlektüre, die ihre Leser in längst vergangene Zeiten entführt!

- Schalansky, Judith: **Blau steht dir nicht. Matrosenroman,** Suhrkamp, 2011. „Blau steht dir nicht", so lautet der wenig erbauliche Kommentar von Jennys Oma, als sie die plötzliche Leidenschaft ihrer Enkelin für Matrosen und überhaupt alles Maritime bemerkt. Eine beengte und zugleich sorgenfreie Kindheit in der DDR, schmerzendes Fernweh, vage homoerotische Gedanken, der Autor Wolfgang Koeppen, der Regisseur Sergei Eisenstein, Riga und immer wieder die Insel Usedom wirbeln in diesem gelungenen und mit kleinen Schwarz-Weiß-Fotos bebilderten Debütroman wild durcheinander.
- Seydel, Renate (Hrsg.): **Usedom. Ein Lesebuch,** Ullstein Taschenbuch, 2000. Usedom hat viele Spuren in der Literatur bekannter und weniger bekannter Autoren hinterlassen. Davon zeugt diese beeindruckende Anthologie mit über 70 Texten u. a. von Hans Werner Richter, Wilhelm Meinhold, Otto Niemeyer-Holstein, Theodor Fontane und Kurt Tucholsky. Eine wahre Fundgrube zum Schmökern!
- Soden, Kristine von: **Stille Winkel auf Usedom,** Ellert & Richter Verlag, 2013. Auf insgesamt 23 atmosphärischen Streifzügen über die Insel stellt die Autorin eine Auswahl ihrer liebsten Ecken auf Usedom vor. Und darunter sind längst nicht nur abgelegene Naturparadiese. Zitat- und anekdotenreich plädiert von Soden dafür, die Stille als kostbares Gut zu achten – und sich für eine Entdeckungsreise Usedoms entsprechend Zeit zu nehmen.

Ostsee-Zeitung (www.ostsee-zeitung.de), erhältlich an allen Kiosken und in einigen Touristeninformationen.

LGBT+

Usedom ist kein explizites Reiseziel für LGBT-Urlauber. Wer also nicht nur auf der Suche nach einem entspannten Strandurlaub, sondern nach Szenebars und Unterkünften mit dem Prädikat „gayfriendly" ist, wird eher enttäuscht werden.

Das traditionell **katholische Polen** steht einer offen gelebten Homosexualität immer noch eher reserviert gegenüber. Die inzwischen berüchtigten (aber weniger werdenden) „LGBT-freien Zonen" in Polen gab und gibt es an der polnischen Ostseeküste indes nicht.

Medizinische Versorgung

Ärzte und **Apotheken** gibt es vor allem in den Kaiserbädern Bansin (33), Heringsdorf (36) und Ahlbeck (38) sowie in der Stadt Usedom (26) und in Zinnowitz (8). Das nächstgelegene **Krankenhaus** befindet sich auf dem Festland, in **Wolgast.**

Auf polnischer Seite gibt es in Swinemünde (Świnoujście) und Misdroy (Międzyzdroje) (44) zahlreiche Apotheken sowie ein **Krankenhaus** in **Swinemünde.** Darüber hinaus haben sich in den Seebädern zahlreiche **Rehakliniken** angesiedelt.

Wer in Polen medizinische Hilfe benötigt, hat die Wahl zwischen **Vertragsärzten des Nationalen Polnischen Gesundheitsfonds** *(Narodowy Fundusz Zdrowia – NFZ)* und **privaten Ärzten** bzw. privaten medizinischen Einrichtungen. Behandlungen bei Vertragsärzten des NFZ sind für gesetzlich Versicherte bei Vorlage der **Europäischen Krankenversicherungskarte** (aufgedruckt auf die Rückseite der „normalen" Krankenkassenkarte) in der Regel kostenfrei. Dennoch empfiehlt sich der Abschluss einer **Auslandsreisekrankenversicherung,** da die Europäische Krankenversicherungskarte lediglich die in Polen üblichen Leistungen abdeckt und Rücktransporte nicht abgesichert sind.

Apotheken

- ■ **Apotheke Heringsdorf** <123> Seestraße 40, Heringsdorf, Tel. 038378 2590, www.apo-heringsdorf.de
- ■ **Apteka Piechoccy** <124> ul. Bolesława Chrobrego 16, Świnoujście
- › **Sertürner-Apotheke** <125> Neue Strandstr. 39, Zinnowitz, Tel. 038377 42166, www.apotheke-zinnowitz.de
- › **Vineta-Apotheke** <126> Schulstr. 1, Koserow, Tel. 038375 20726, www.vineta-apotheke.de

Krankenhäuser

- › **Kreiskrankenhaus Wolgast** <127> Chausseestr. 46, Wolgast, Tel. 03836 2570, www.kreiskrankenhaus-wolgast.de
- ■ **Stadtkrankenhaus Swinemünde (Szpital Miejski w Świnoujściu)** <128> ul. Mieszka I 7, Świnoujście, Tel. +48 913267424, www.szpital-swinoujscie.pl

› Trotz aller Freizeitangebote unerreicht: buddeln am Ostseestrand

Mit Kindern unterwegs

Usedom ist durch seine gute Erreichbarkeit und die wunderbar feinsandigen Ostseestrände ideal geeignet für einen Urlaub mit Kindern. Besonders familienfreundlich sind die Ostseebäder Karlshagen 6 und Trassenheide 7 mit ihren ausgedehnten Flachwasserbereichen, dem Sportstrand oder **Karlchens Zauberwald** (s. S. 19) – einem fantasievoll gestalteten Spielplatz direkt an der Promenade in Karlshagen.

Wenn das Buddeln im Sand irgendwann langweilig wird oder schlechtes Wetter aufzieht, lohnt ein Besuch in der **Phänomenta** 3 in Peenemünde. Sie bietet spannende Experimente für Klein und Groß zum Selbstausprobieren. Auch im **Verkehrten Haus** (s. S. 75) in Swinemünde werden die Sinne der Kinder ordentlich durcheinandergewirbelt. Lustige Fotos entstehen dabei mühelos.

Auch Tiere gibt es für Kinder auf Usedom zu entdecken: im **Tropenhaus Bansin** 35 mit seinen Kapuzineräffchen, Papageien und Reptilien, in den **Wisentparks** im Achterland 29 und auf Wollin 47, wo man den zotteligen Königen des Waldes ganz nahe kommt, oder im **Oceanarium** von Misdroy (s. S. 79) mit seiner kunterbunten Fischwelt und den großen Raubhaien.

Hoch hinaus geht es in den **Kletterwäldern** von Neu Pudagla (s. S. 38) und Swinemünde (s. S. 68), wo sich Groß und Klein von Wipfel zu Wipfel schwingen können.

Sollen die Großeltern auch mitkommen, ist vielleicht ein Besuch des **Baumwipfelpfads** in Heringsdorf (s. S. 60) die bessere Alternative. Die Aussicht vom höchsten Punkt Usedoms ist spektakulär und das begehbare Netz auf der Turmplattform sorgt bei Bedarf für Nervenkitzel.

071ud-am

Sollten schon auf der Anreise an die Ostseeküste Unmut oder Langeweile aufkommen, schafft ein Zwischenstopp am **Klaus-Bahlsen-Haus** (s. S. 47) in der Stadt Usedom 26 garantiert Abhilfe. Im Schatten alter Obstbäume gibt es einen Klettergarten mit Spinnennetz und einen Tisch zum Picknicken.

Die handgezeichnete **Usedom-Kinderkarte** von Ulrike Krause (s. S. 123) ermöglicht es kleinen Inselbesuchern, auch selbstständig die schönsten Ziele auf Usedom ausfindig zu machen. In Karlshagen können Kinder mit dem kleinen Büchlein „Emma und Karlchen auf großer Schatzsuche" das Ostseebad mit einer spannenden Erzählung erkunden. Für 1 € ist es in der Touristinformation Karlshagen (s. S. 19) erhältlich.

112ud-mb

Notfälle

Notrufnummern in Deutschland

- **Polizei:** 110
- **Rettungsdienst/Feuerwehr:** 112
- **Ärztlicher Bereitschaftsdienst:** 116117

Notrufnummern in Polen

- **Polizei:** Tel. 997
- **Feuerwehr:** Tel. 998
- **Rettungsdienst:** Tel. 999 (vom Handy aus 112)
- **Touristischer Notruf:** Tel. +48 222787777 oder +48 608599999. Über den Notruf für ausländische Touristen erhalten Besucher Hilfe in Notsituationen, z. B. beim Verlust von Dokumenten oder wenn medizinische Hilfe benötigt wird. Der Notruf ist Okt.–Mai tgl. 8–18 Uhr und Juni–Sept. tgl. 8–20 Uhr erreichbar (außer an Feiertagen).

Polizei

- **Polizeirevier Heringsdorf** <129> Seestr. 12, Tel. 038378 2790
- **Polizeirevier Misdroy** <130> ul. Mickiewicza 14, Międzyzdroje, Tel. +48 3280444
- **Polizeirevier Swinemünde** <131> ul. Krzywoustego 2 a, Świnoujście, Tel. +48 913267511

Fundbüro der Usedomer Bäderbahn

- **Fundbüro Gemeinde Heringsdorf** <150>, Kurparkstraße 4, Ahlbeck, Tel. 038378 271439, www.ubb-online.com/service/fundbuero, geöffnet: Mo., Fr. 8.30–12, Di., Do. 8.30–12, 13–15.30 Uhr

Wie eine Murmelbahn schraubt sich der Aussichtsturm des Baumwipfelpfads (s. S. 60) in die Höhe

Kartensperrung

Bei **Verlust der Debit-/Giro-, Kredit- oder SIM-Karte** gibt es für Kartensperrungen eine **deutsche Zentralnummer** (unbedingt vor der Reise klären, ob die eigene Bank bzw. der jeweilige Mobilfunkanbieter diesem Notrufsystem angeschlossen ist). **Aber Achtung:** Mit der telefonischen Sperrung sind die Bezahlkarten zwar für die Bezahlung/ Geldabhebung mit der PIN gesperrt, nicht jedoch für das **Lastschriftverfahren mit Unterschrift.** Man sollte daher auf jeden Fall den Verlust zusätzlich **bei der Polizei zur Anzeige bringen,** um gegebenenfalls auftretende Ansprüche zurückweisen zu können.

In **Österreich** und der **Schweiz** gibt es keine zentrale Sperrnummer, daher sollten sich Besitzer von in diesen Ländern ausgestellten Debit- oder Kreditkarten vor der Abreise bei ihrem Kreditinstitut über den zuständigen Sperrnotruf informieren.

Man sollte sich die **wichtigsten Daten** wie Kartennummer und Ausstellungsdatum **separat notieren,** da diese abgefragt werden können.

› **Deutscher Sperrnotruf:** Tel. +49 116116 oder Tel. +49 3040504050
› **Weitere Infos:** www.kartensicherheit.de, www.sperr-notruf.de

Touren

Wer im Urlaub nicht nur am Strand entspannen, sondern Usedom aktiv erkunden will, ist mit der Buchung von **geführten Touren** gut beraten. Das Angebot ist hier so vielfältig wie die Insel selbst: Auf **Stadtspaziergängen** durch die Kaiserbäder Bansin 33, Heringsdorf 36 und Ahlbeck 38 sowie durch Zinnowitz 8 und Koserow 13 erläuft man sich die Geschichte der Orte und erhält so die Chance, hinter die Kulissen der schicken Bäderfassaden zu blicken. Schwerpunkte der Führungen sind z. B. die Bäderarchitektur, klassische Stadtbummel oder Strand- und Küstenwaldwanderungen.

Obwohl sich Usedom wunderbar per pedes entdecken lässt, ist und bleibt es doch eine typische **„Fahrradinsel“.** Gerade das **Achterland** und seine versteckten Sehenswürdigkeiten – etwa die Dorfkirche Morgenitz 24 oder der abgelegene Lieper Winkel 25 – lassen sich optimal auf dem Drahtesel erkunden.

Ein Muss sind auf einer Ostseeinsel Ausflüge auf dem Wasser. Hier bieten sich neben **individuellen Segeltörns** (s. S. 99) auch **Kanutrips, Floßfahrten** und **Solarboottouren** an. Ebenso gibt es auf Usedom eine große Auswahl an organisierten **Naturführungen** wie z. B. Moorwanderungen, Kranichbeobachtung und Safaris im Solarboot oder Kanu. Mutigere Paddler entscheiden sich für eine Selbstfahrertour mit vorheriger Einweisung.

Mit den **Schiffen der Reederei Adler** kann man von Frühjahr bis Herbst ab den **Seebrücken der drei Kaiserbäder** Ausflüge zur Insel Rügen, nach Swinemünde (Świnoujście), auf die Insel Wollin und sogar in das etwas entfernte polnische Seebad Kolberg (Kołobrzeg) unternehmen. Informationen zu Abfahrtszeiten und Preisen erhält man in den Touristeninformationen aller Usedomer Seebäder.

› **Führungen zu Fuß:** www.ostsee.de (unter „Veranstaltungen“, dann Suchmaske nutzen, als Ort „Usedom“ und als Veranstaltungsart „Führungen“ wählen)
› **Geführte Radtouren:** www.der-pommernradler.de
› **Segeltörns über das Stettiner Haff:** www.zeesenboot.de, Tel. 0173 6079768

- **Bootstouren durch das Peenetal und organisierte Naturführungen:** www.abenteuer-flusslandschaft.de, Tel. 03971 242839
- **Kanutouren in der Krumminer Wiek** [B4]: Bootsverleih im Naturhafen Krummin, Tel. 03836 201660
- **Ausflugsfahrten mit Reederei Adler:** www.adler-schiffe.de, Tel. 04651 9870888

Unterkunft

Wer eine Unterkunft sucht, hat die Qual der Wahl: Es gibt **Luxus- und Wellnesshotels** direkt an den Strandpromenaden, **familiengeführte Pensionen, Ferienhäuser und -wohnungen** und natürlich **Campingplätze.** Selbst preisgünstige Herbergen im Hostel-Stil, die man auf der Insel lange vergeblich suchte, sind schon vereinzelt zu finden (nämlich in Trassenheide und Swinemünde). Daneben gibt es **ausgefallene Übernachtungsmöglichkeiten,** z. B. in einem alten Schoner, auf Hausbooten oder im Leuchtturm.

Wie aber findet man die passende Unterkunft? Zunächst einmal bieten die verschiedenen **Buchungsportale** im Internet einen guten Überblick über die vorhandenen Möglichkeiten auf Usedom. Die **Buchungszentrale der Usedom Tourismus GmbH** betreibt eine Zimmervermittlung mit einer Auswahl aus über 10.000 Unterkünften. Wer für einen ganz bestimmten Ort eine Unterkunft sucht, kann sich auch an die jeweilige **Touristeninformation** wenden, wo man einen ausgezeichneten Überblick über die lokalen Übernachtungsangebote erhält.

Urlauber, die in der **Hochsaison** im Juli oder August nach Usedom reisen möchten, sollten ihre Unterkunft jedoch sehr **frühzeitig buchen!** Denn die schönsten und preiswertesten Ziele sind für diesen Zeitraum oft Monate im Voraus ausgebucht.

- **Buchungszentrale der Usedomer Tourismus GmbH:** Tel. 038375 244144, https://usedom.de/buchen

Campingplätze

- **Camping & Freizeitpark „Am Dünengelände"** € <132> Campingweg 1, Zempin, Tel. 038377 41363, www.camping-zempin.de, geöffnet: ganzjährig. **Ruhig und gut gelegen:** Campingplatz nahe dem kleinsten Seebad auf Usedom.
- **Campingplatz Am Sandfeld** € <133> Am Sandfeld 5, Koserow, Tel. 038375 20759, www.amsandfeld.de, geöffnet: April – Mitte Okt. **Übernachten im Schatten des Waldes:** Umrahmt von einem Kiefernwald sind es gut 10 Min. Fußweg bis zur Steilküste. Gutes Preis-Leistungs-Verhältnis.
- **Campingplatz „Ostseeblick"** € <134> Zeltplatzstr. 20, Trassenheide, Tel. 038371 20949, www.trassenheide.de (unter „Campingplatz"), geöffnet: April – Okt. **Raus aus dem Zelt und schon am Strand:** in einem Kiefernwäldchen unmittelbar am Ostseestrand gelegener Campingplatz.
- **Dünencamp** € <135> Zeltplatzstr., Karlshagen, Tel. 038371 20291, www.karlshagen.de/duenencamp/campingplatz, geöffnet: ganzjährig. **Entspanntes Campen für Groß und Klein:** komfortabler Campingplatz im Norden Usedoms mit breitem Strand und familienfreundlichen Angeboten.
- **Natur Camping Usedom** € <136> Zeltplatzstr. 20, Lütow, Tel. 038377 40581, www.natur-camping-usedom.de, geöffnet: Mitte April – Mitte Okt. **Ruheoase im Naturschutzgebiet:** auf der Halbinsel Gnitz an der Krumminer Wiek gelegener Campingplatz.
- **Naturcampingplatz „Am Strand"** € <137> Auf dem Campingplatz 1, Ückeritz, Tel.

038375 20923 (im Winter Tel. 038375 2520), www.campingplatz-ueckeritz.de, geöffnet: Mitte März–Okt. **Zu Gast auf dem Mega-Campingplatz:** legendärer, großer Campingplatz auf Usedom, der sich über 4½ km am Strand zwischen Ückeritz und Bansin erstreckt.

Gut und günstig

- **Hotel Schloonsee** € <138> Badstr. 2, Bansin, Tel. 038378 29120, www.hotelschloonsee.de. **Gehoben und doch erschwinglich:** familiengeführtes Hotel in einer der typischen Bäderstilvillen Bansins. Aus den modern eingerichteten Zimmern blickt man entweder auf die Ostsee oder auf den Schloonsee. Zudem gibt es einen kleinen Wellnessbereich mit Sauna. Ausgezeichnetes Preis-Leistungs-Verhältnis.
- **Hostel SZUM** € <139> Jana Matejki 20, Swinemünde, Tel. +48 729305770. **Authentisch abhängen:** In einer wunderschönen Villa warten modern eingerichtete Zimmer auf Gäste, die mehr suchen als das anonyme Standard-Hotel. Das SZUM bietet mit eigenem Café, Tischtennisplatte und geselligem Außenbereich fast schon Familienanschluss und damit die Gelegenheit, das coole, alternative Swinemünde kennenzulernen.
- **StrandGUT** € <140> Zeltplatzstraße 13, Trassenheide, Tel. 038371 20120, www.strandgut-usedom.de. **Entspannt am Strand:** Das StrandGUT bietet freundlich eingerichtete Zimmer von rustikal bis leicht gehoben, viele Spielmöglichkeiten für Kinder und liegt in unmittelbarer Nähe zum Strand.

Buchungsportale

Neben Buchungsportalen für **Hotels** (z. B. www.booking.com, www.hrs.de oder www.trivago.de) bzw. für **Hostels** (z. B. www.hostelworld.com) gibt es auch Anbieter, bei denen man **Privatunterkünfte** buchen kann. Portale wie www.airbnb.de oder www.wimdu.de vermitteln Wohnungen, Zimmer oder auch nur einen Schlafplatz auf einer Couch. Diese oft recht günstigen Übernachtungsmöglichkeiten sind nicht unumstritten, weil manchmal normale Wohnungen gewerblich missbraucht werden. Einige Städte greifen deshalb regulierend ein.

Für die ganze Familie

- **Familien Wellness Hotel Seeklause** €€€€ <141>, Mölschower Weg 1a, Trassenheide, www.hotel-seeklause.de. **Wellness und Abenteuer für die ganze Familie:** Knapp zwei Kilometer vom Strand entfernt verspricht die Seeklause Luxusurlaub mit viel Spaß. Kinderbetreuung und Wellnessbereich mit Schwimmbad und Saunalandschaft garantieren Erholung pur, während im Außenbereich ein riesiger hoteleigener Piratenspielplatz wartet.
- **Ferienanlage Inco** € <142> ul. Turystyczna 5, Międzywodzie, www.osrodekmiedzywodzie.pl. **Raum ist in der kleinsten Hütte:** Nur 200 Meter vom Ostseestrand entfernt warten im Wald bei Heidebrink 15 doppelstöckige Holzhäuschen auf Gäste. Sie bieten bis zu vier Personen Platz und verfügen sogar über eine kleine Terrasse.
- **Hotel Aurora Family & Spa** €€ <143> ul. Bohaterów Warszawy 17, Międzyzdroje, www.hotel-aurora.pl. **Hier bleiben keine Kinderwünsche offen:** Mitten im Zentrum von Misdroy steht das „Lieblingshotel aller Kinder". Familienzimmer, zwei Spielräume, Animationsprogramm und eine große Auswahl kindgerechter Zusatzausstattung stellen die Ansprüche von Klein und Groß gleichermaßen zufrieden.

› **Segelschoner „Condor S.S.86“** €€ <144> Fährstr. 9, Peenemünde, Tel. 0174 6484045, www.halbinsel-peenemuende.de (unter „Unterkünfte“, dann nach unten scrollen). **Hochseefeeling ganz ohne Schaukelei:** Dieser alte Segelschoner lässt sich trockenen Fußes erreichen, denn das schicke Holzschiff liegt auf dem Hafengelände von Peenemünde. Es gibt Kajüten für zwei und vier Personen, ein großzügiges Deck mit Blick auf den Hafen sowie Kombüse und Aufenthaltsraum. Der Standort ist recht abgelegen, lockt dafür aber mit Kurtaxenfreiheit, viel Platz zum Toben für die kleinsten Gäste und kostenlosen Parkplätzen. In jedem Fall eine äußerst originelle Unterkunft.

Wohlfühlen und genießen

› **Villa Park Wisełka** €€ <145> ul. Nowowiejska 29, Wisełka, www.villa-park.eu, Tel. +48 913265065. **Wellnessoase auf dem Dorf:** Eine stilvoll eingerichtete Villa im ruhig gelegenen Wisełka auf der Insel Wollin. Neben einer Sauna und einem Dampfbad werden verschiedene Heil- und Entspannungsmassagen angeboten. Die Villa befindet sich direkt am Eingang zum Nationalpark Wollin. Zum Strand spaziert man in gut 20 Min. durch den Wald.

Ruhig und persönlich

› **Ferienhäuser im Hafen Rankwitz** €€€ <146> Am Hafen 1, Rankwitz, Tel. 038372 70521, www.hafen-rankwitz.de (unter „Ferienhäuser“). **Ein Paradies am Peenestrom:** Lediglich vier kleine, zweistöckige Ferienhäuschen werden im Hafen von Rankwitz an Urlauber vermietet. Familiäre Atmosphäre sowie eine wunderschöne Aussicht auf den kleinen Hafen und die Sonnenuntergänge am Peenestrom sind hier garantiert.

› **Idyll am Wolgastsee** €€ <147> Hauptstr. 9, Korswandt, Tel. 038378 22116, www.urlaub-auf-usedom.de (unter „Hotels“/ „Hotel Idyll am Wollgastsee“). **Seeblick inklusive:** eine charmante Villa mit 18 Zimmern, großer Terrasse und Sauna bzw. Dampfbad. Am See gibt es einen kleinen Strand und einen Bootsverleih. Und bis zur Ahlbecker Seebrücke sind es nur 5, bis Swinemünde 10 km. Im Haus betreibt der Eigentümer zudem ein Restaurant mit gutbürgerlicher Küche.

Urlaub im Segelschoner

073ud-ab

› **Inselhof Vineta** €€ (s. S. 29). **Ungestörte Entspannung garantiert:** Am kleinen Hafen von Zempin liegt diese Oase der Stille mit integriertem Wellnessbereich und Restaurant. Von vielen Zimmern und der Außenterrasse des Hotels schaut man direkt auf das malerische Achterwasser. Den Strand von Zempin erreicht man zu Fuß in einer Viertelstunde. Zugehörig ist außerdem ein gutes Restaurant.

■ **Pension & Restaurant Schloon Idyll** €€€ <148> Bergstr. 60 a, Bansin, Tel. 038378 33840, www.schloon-idyll.de. **Wasserpanorama mit eigenem Balkon:** Eine in der Tat sehr idyllisch am Schloonsee gelegene, familiengeführte Pension. Zur Strandpromenade von Bansin sind es keine 100 m. Auf der Terrasse am Südufer des Sees serviert das sehr empfehlenswerte hauseigene Restaurant Kaffee und Kuchen sowie ausgezeichnetes Essen. Alle sieben Zimmer besitzen einen Balkon und aus den beiden Turmzimmern bietet sich ein herrlicher Panoramablick auf den Schloonsee.

Ausgefallene Konzepte

› **Hausboote im Naturhafen Krummin** €€€, (s. S. 26), https://naturhafen.de. **Sanft in den Traum schaukeln:** In den modernen Hausbooten kann man buchstäblich den ganzen Urlaub auf dem Wasser verbringen – und schon beim Frühstück auf der eigenen Terrasse den Blick über die Krumminer Wiek genießen. Selbst im Winter sind die mit Fußbodenheizung ausgestatteten schwimmenden Häuschen problemlos nutzbar.

› **Lotsenturm Usedom** €€€€ <149> Karnin 27, Karnin, Tel. 030 89093351, www.lotsenturm-usedom.de. **Exklusiver geht's nicht:** Im fast 70 Jahre alten Lotsenturm von Karnin residiert das wohl kleinste Hotel Usedoms. Nur zwei Personen finden in dem elegant eingerichteten Appartement mit Blick auf den Peenestrom Platz. Wer im Lotsenturm übernachten möchte, muss sich jedoch etwas gedulden, denn er ist meist auf zwei Jahre im Voraus ausgebucht. Zeit genug, um die gut 300 € für eine Übernachtung anzusparen.

074ud-ab

☒ Kleinstes Hotel der Insel: der Lotsenturm Usedom in Karnin

Verkehrsmittel

Usedomer Bäderbahn (UBB)

Bahn

Wichtigstes öffentliches Verkehrsmittel auf der Insel Usedom sind die Züge der Usedomer Bäderbahn (UBB). Sie verkehren auf der **Hauptstrecke** von Swinemünde (Świnoujście) über die Kaiser- und Bernsteinbäder bis nach Wolgast auf dem Festland und weiter bis nach Züssow, das an der Regionalbahnstrecke Berlin – Stralsund liegt. Einige Züge der UBB fahren auch direkt von Swinemünde bis Greifswald und Stralsund. Eine **Nebenstrecke** der UBB verbindet Zinnowitz 8 und Peenemünde 1.

Die Züge verkehren von ca. 5.30 bis 22.30 Uhr im **Stundentakt**, in der **Saison** (Mitte Mai–Sept.) fahren sie zwischen 9 und 18 Uhr sogar **halbstündlich.**

Fahrplanauskünfte und **Ticketinfos** erhält man in den UBB-Reisezentren oder auf der Website des Unternehmens. Die **Reisezentren** befinden sich in den Bahnhöfen Wolgast, Zinnowitz, Zempin 12, Koserow 13, Ückeritz 17, Heringsdorf 36 und Ahlbeck 38.

› **Infos:** www.ubb-online.com

075ud-ab

Bus

Der regionale Busverkehr auf Usedom wird ebenfalls von der **Usedomer Bäderbahn** betrieben. Die wichtigste Verbindung ist die **Kaiserbäderlinie (290/291)**, die zwischen Bansin 33, Heringsdorf und Ahlbeck 38 verkehrt. Ansonsten sind vor allem das Achterland und der Norden Usedoms gut durch Buslinien erschlossen, allerdings fahren die Busse dort nur wenige Male am Tag. **Busfahrpläne** finden sich auf der Website:

› www.ubb-online.com

Tickets

Mit Einführung der neuen Kurtaxe (s. S. 121) sind alle Kurgäste (außer denen aus Loddin 16) berechtigt, **den ÖPNV kostenlos zu nutzen.** Auch das Deutschlandticket wird im gesamten UBB-Streckennetz anerkannt. Für alle anderen gilt: Fahrkarten können in den **UBB-Reisezentren** oder **direkt im Zug bzw. im Bus** gekauft werden. Der Preis für eine Einzelfahrkarte richtet sich in der Regel nach der Entfernung des Reiseziels. Darüber hinaus gibt es Zeitkarten und einen Sonderfahrschein für die Kaiserbäderlinie:

› **Usedom-Ticket:** 21 € für eine Person, 25 € für zwei Personen, für jede weitere Person zusätzlich 4 € (für Gruppen bis zu fünf Personen). Das Ticket gilt den ganzen Tag lang für beliebig viele Fahrten mit der Bahn oder dem Bus auf Usedom und in Wolgast.

› **Wochenkarte:** 45 €, erm. 40 €. Die Wochenkarte gilt für sieben Tage in den Zügen der UBB auf Usedom, jedoch nicht in den UBB-Linienbussen. Auskünfte über Zeitkarten für Busse erteilt die UBB in ihren Reisezentren.

Wer Zeit und Muße hat, kann die Insel mit dem Bus erkunden

› **Sonderfahrschein Kaiserbäderlinie:** 3,50 €, erm. 2 €. Der Sonderfahrschein gilt für die Buslinien 290/291 zwischen Bansin und Ahlbeck sowie in den Zügen der UBB zwischen Heringsdorf und Swinemünde.

Busse und Bahnen auf der Insel Wollin

Swinemünde (**Świnoujście**) besitzt zwei Bahnhöfe: westlich der Swine den **UBB-Bahnhof** und am östlichen Flussufer den **Bahnhof der Polnischen Bahn (PKP).** Von Letzterem aus gelangt man mit dem Zug nach Misdroy (Międzyzdroje) 44 und weiter bis Stettin. Auch der **Busbahnhof** (**PKS**) befindet sich am rechten Swineufer gegenüber vom Bahnhof. Von dort aus verkehren Busse in die kleinen Ortschaften auf der Insel Wollin.

Fahrplanauskünfte erhält man in der **Touristeninformation in Swinemünde** (s. S. 72). Zugverbindungen findet man auch auf der deutschsprachigen Seite der Polnischen Bahn:

› **Infos:** www.rozklad-pkp.pl/de

Taxi

› **Funk Taxi Heringsdorf:** Heringsdorf, Tel. 038378 22022, www.funk-taxi-heringsdorf.de
› **Radio Taxi:** Swinemünde (Świnoujście), Tel. +48 913212222
› **Taxi Riebe:** Stadt Usedom, Tel. 038372 70369
› **Taxi Usedom Nord:** Zinnowitz, Tel. 038377 42222, www.taxi-zinnowitz.de
› **Taxi-Dahl:** Koserow, Tel. 038375 20207, www.taxi-dahl-koserow.de

Am Bahnhof von Heringsdorf

078ud-ab

Wetter und Reisezeit

Auf Usedom herrscht typisches Inselwetter. Zwar trägt die **„Sonneninsel“** ihren Namen mit durchschnittlich 1906 Sonnenstunden pro Jahr – dem Spitzenwert für ganz Deutschland! – absolut zu Recht. Doch frische Küstenwinde sorgen gerade in den Sommermonaten für mitunter **plötzliche Wetterumschwünge,** sodass eine flexible Kleiderwahl angeraten ist. Generell aber ist das **gemäßigte Klima** mit seinen maritimen und kontinentalen Einflüssen sehr angenehm und sorgt selbst in der Nebensaison noch für milde Temperaturen.

Im **Frühjahr** und **Herbst** ist die Insel viel weniger bevölkert als während der Hauptreisesaison in den Sommermonaten Juni, Juli und August. Als Reisezeit empfiehlt sich der **goldene September** – denn in der vom Sommer **aufgewärmten Ostsee** kann man noch immer ein kurzes Bad einlegen. Die **Wassertemperatur** beträgt jedoch selbst im Hochsommer nur selten über 20 °C, sodass eine Erfrischung im kühlen Nass auf Usedom mehr als garantiert ist.

In der **kalten Jahreszeit** fällt die Insel größtenteils in einen wohlverdienten Winterschlaf; viele Restaurants und Freizeitangebote haben geschlossen. Eine Ausnahme bildet nur der **Jahreswechsel,** an dem die Preise kurzzeitig wieder auf Saisonniveau emporschnellen. Wer Ruhe und Erholung sucht, wird die Insel mit ihren zauberhaften Schneelandschaften in den Wintermonaten besonders zu schätzen wissen.

Durchschnitt	Wetter auf Usedom											
Maximale Temperatur	2°	3°	6°	10°	16°	19°	21°	21°	18°	13°	8°	4°
Minimale Temperatur	–2°	–1°	1°	4°	8°	12°	14°	14°	11°	7°	3°	0°
Regentage	10	8	10	9	8	9	10	9	9	9	11	11
Wassertemperatur	3°	2°	4°	7°	12°	17°	19°	20°	17°	12°	8°	5°
	Jan	Febr	März	Apr	Mai	Juni	Juli	Aug	Sept	Okt	Nov	Dez

ANHANG

002ud-ab

Kleine Sprachhilfe Polnisch

Für einen vertiefenden Einstieg in die polnische Sprache sei der **Sprachführer „Polnisch – Wort für Wort“** aus der **Kauderwelsch-Reihe** von Reise Know-How empfohlen.

Ausspracheregeln

c	wie z
ę	nasal, wie das i im französischen „vin“
ą	nasal, wie das a im französischen „Grand Prix“
ch	wie ch in „Dach“
ć, ci	wie tschi
ś, si	wie schi
ń	wie nj in „Anja“
ó	wie u
ł	wie das englische w in „water“
cz	wie tsch
sz	wie sch in „Schach“
ź, ż, rz, zi	stimmhaftes sch, wie sch in „Dschungel“
z	wie ein stimmhaftes s in „Sonne“
szcz	wie schtsch

Die wichtigsten Wörter und Floskeln

tak	ja
nie	nein
dobrze	gut
proszę	bitte
dziękuję	danke
Nie rozumiem po polsku.	Ich verstehe kein Polnisch.
Cześć!	Hallo!, Tschüss!
Dzień dobry!	Guten Tag!, Guten Morgen!
Dobry wieczór!	Guten Abend!
Dobranoc!	Gute Nacht!
Dowidzenia!	Auf Wiedersehen!
Proszę bardzo!	Bitte sehr!
Przepraszam!	Entschuldigung!

Zahlen

jeden	1
dwa	2
trzy	3
cztery	4
pięć	5
sześć	6
siedem	7
osiem	8
dziewięć	9
dziesięć	10
sto	100
tysiąc	1000

Wochentage

poniedziałek	Montag
wtorek	Dienstag
środa	Mittwoch
czwartek	Donnerstag
piątek	Freitag
sobota	Samstag
niedziela	Sonntag

Monate

styczeń	Januar
luty	Februar
marzec	März
kwiecień	April
maj	Mai
czerwiec	Juni
lipiec	Juli
sierpień	August
wrzesień	September
październik	Oktober
listopad	November
grudzień	Dezember

Unterwegs

wejście	Eingang
wyjście	Ausgang
dworzec	Bahnhof

+++ Die wichtigsten Wörter mit dem Bonus-Audiotrack des Kauderwelsch-

lotnisko	Flughafen
most	Brücke
dom	Haus
pociąg	Zug
przystanek	Haltestelle
samochód	Auto
paszport	Pass
bagaż	Gepäck
toaleta	Toilette

Einkaufen

sklep	Geschäft/Laden
chleb	Brot
mleko	Milch
ser	Käse
mięso	Fleisch
kiełbasa	Wurst
ryba	Fisch
warzywa	Gemüse
owoce	Obst

Im Restaurant

stół	Tisch
śniadanie	Frühstück
obiad	Mittagessen
kolacja	Abendbrot
zupy	Suppen
dania rybne	Fischgerichte
dania mięsne	Fleischgerichte
dania jarskie	vegetarische Gerichte
kawa	Kaffee
herbata	Tee
wino	Wein
piwo	Bier
woda mineralna	Mineralwasser
... gazowana	... mit Kohlensäure
... niegazowana	... ohne Kohlensäure
talerz	Teller
szklanka	Glas
łyżka	Löffel
widelec	Gabel
nóż	Messer

Fisch

łosoś	Lachs
pstrąg	Forelle
dorsz	Dorsch
śledź	Hering
sandacz	Zander

Unterkunft

pokój	Zimmer
łazienka	Bad
klucz	Schlüssel

Notfall

Ratunku! Pomocy!	Hilfe!
lekarz	Arzt
apteka	Apotheke
lekarstwo	Medikament
pogotowie ratunkowe	Krankenwagen
policja	Polizei
szpital	Krankenhaus
wypadek	Unfall

Fragewörter

Czy ...?	Einleitendes Fragewort
Co?	Was?
Kto?	Wer?
Gdzie?	Wo?
Jak?	Wie?
Kiedy?	Wann?
Ile?	Wie viel?
Dokąd?	Wohin?

Zeitangaben

dzisiaj	heute
wczoraj	gestern
jutro	morgen
rano	der Morgen
południe	der Mittag
wieczór	der Abend
noc	die Nacht

Register

Impressum

Martin Brand, Anna Brixa

InselTrip Usedom mit Swinemünde und Wollin

4., neu bearbeitete und aktualisierte Auflage 2024

ISBN 978-3-8317-3801-4

Printed in Germany

Druck und Bindung: mediaprint solutions GmbH, Paderborn

Herausgeber: Ulrich Kögerler, Klaus Werner
Layout: amundo media GmbH (Umschlag, Inhalt), Peter Rump (Umschlag)
Lektorat: amundo media GmbH
Karten: Ingenieurbüro K. Wendler, amundo media GmbH
Anzeigenvertrieb: KV Kommunalverlag GmbH & Co. KG, Alte Landstraße 23, 85521 Ottobrunn, Tel. 089 928096-0, info@kommunal-verlag.de
Kontakt: Osnabrücker Str. 79, 33649 Bielefeld, info@reise-know-how.de

Alle Angaben in diesem Buch sind gewissenhaft geprüft. Preise, Öffnungszeiten usw. können sich jedoch schnell ändern. Für eventuelle Fehler übernehmen Verlag wie Autoren keine Haftung.

Bildnachweis

Umschlagvorderseite: ©Nina, stock.adobe.com | Umschlagrückseite: Martin Brand | Umschlagklappe rechts: Anna Brixa
Soweit ihre Namen nicht vollständig am Bild vermerkt sind, stehen die Kürzel an den Abbildungen für die folgenden Fotografen, Firmen und Einrichtungen. Martin Brand: mb | Anna Brixa: ab | Anja Miatke: am | Claudia Leonhardt: cl
dreamstime.com: dt

Usedom mit PC, Smartphone & Co.

QR-Code auf dem Umschlag scannen oder **www.reise-know-how.de/inseltrip/usedom24** eingeben und die **kostenlose Web-App** aufrufen (Internetverbindung zur Nutzung nötig)!

★**Anzeige der Lage und Satellitenansicht aller** beschriebenen Sehenswürdigkeiten und weiteren Orte
★**Routenführung** vom aktuellen Standort zum gewünschten Ziel
★**Exakter Verlauf** der empfohlenen Wanderungen und Radtouren
★**Audiotrainer** der wichtigsten polnischen Wörter und Redewendungen
★**Updates** nach Redaktionsschluss

GPS-Daten zum Download

Die GPS-Daten aller Ortsmarken und Wanderungen und Radtouren stehen auf der Produktseite des Titels auf www.reise-know-how.de zum Download zur Verfügung.

Inselplan für mobile Geräte

Um den Inselplan auf Smartphones und Tablets zu nutzen, empfehlen wir die App „Avenza Maps" der Firma Avenza™. Über die Funktion „Store" kann die „Islandmap Usedom 2024" kostenlos geladen werden.

Die Information über und die Bereitstellung von digitalen Zusatzinhalten (z. B. Web-App, Links, GPS-Tracks o. Ä.) ist eine freiwillige Zusatzleistung des Verlages, auf die kein Anspruch besteht und für deren Richtigkeit aufgrund der Veränderlichkeit solcher Informationen auch nicht gehaftet werden kann. Insbesondere behält sich der Verlag deshalb vor, die Bereitstellung und die Zugriffsmöglichkeit zeitlich zu befristen und den Zugriff hierauf auch vorfristig abzuschalten.

Zeichenerklärung

- Hauptsehenswürdigkeit
- Aussichtsturm
- Busstation
- Denkmal
- Fähre
- Flugplatz
- Freilichtbühne
- Gipfel
- Golfplatz
- Hafen
- Hallenbad
- Jugendherberge, Hostel
- Kirche, Kapelle
- Leuchtturm
- Museum
- Parkplatz
- Rundblick
- Schloss, Gutshaus
- ★ Sehenswürdigkeit
- ● Sonstiges
- Strand
- Windmühle
- Windrad
- Zeltplatz, Camping
- Zoo

- Unterkünfte
- Essen und Trinken, Nachtleben
- Einkaufen und Sonstiges

Bewertung der Attraktionen

★★★ nicht verpassen
★★ besonders sehenswert
★ wichtig für speziell interessierte Besucher

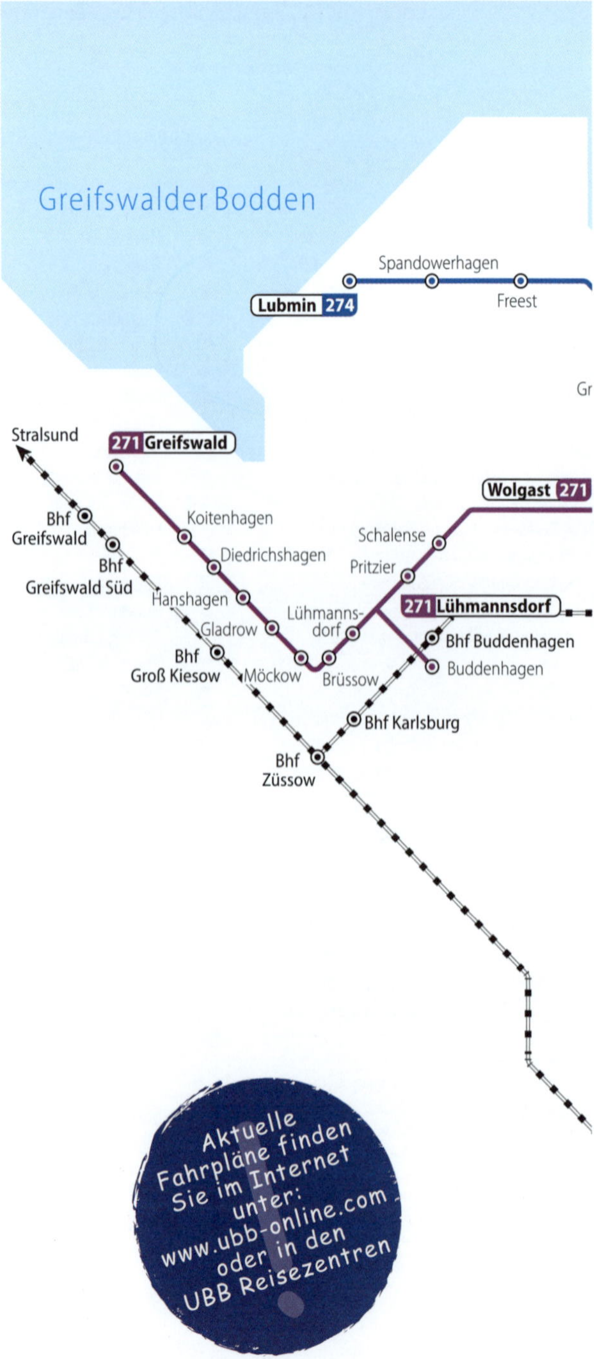
Greifswalder Bodden
Spandowerhagen
Lubmin 274
Freest
Gr
Stralsund
271 Greifswald
Wolgast 271
Bhf Greifswald
Koitenhagen
Schalense
Bhf Greifswald Süd
Diedrichshagen
Pritzier
Hanshagen
Lühmannsdorf
271 Lühmannsdorf
Gladrow
Bhf Buddenhagen
Buddenhagen
Bhf Groß Kiesow
Möckow
Brüssow
Bhf Karlsburg
Bhf Züssow
Aktuelle Fahrpläne finden Sie im Internet unter: www.ubb-online.com oder in den UBB Reisezentren